學前融合教育課程建構模式

Building Blocks for Teaching Preschoolers
with Special Needs

Susan R. Sandall & Ilene S. Schwartz　著

盧明、魏淑華、翁巧玲　譯

Building Blocks for Teaching Preschoolers with Special Needs

by

Susan R. Sandall, Ph.D.
University of Washington, Seattle

Ilene S. Schwartz, Ph.D.
University of Washington, Seattle

with

Gail E. Joseph, Ph.D.
Head Start Bureau, Washington, D.C.

Hsin-Ying Chou, Ed.D.
University of Washington, Seattle

Eva M. Horn, Ph.D.
University of Kansas, Lawrence

Joan Lieber, Ph.D.
University of Maryland, College Park

Samuel L. Odom, Ph.D.
Indiana University, Bloomington

Ruth Wolery, Ph.D.
Peabody College of Vanderbilt University
Nashville

目錄

SECTION 3 重要論題 147

作者介紹

Susan R. Sandall, Ph.D. Experimental Education Unit, Box 357925, University of Washington, Seattle, Washington 98195

　　Sandall 博士為華盛頓大學（University of Washington）特殊教育教授，她的專長領域是早期療育和特殊幼兒教育。Sandall 博士帶領專業人員養成方案，也為特殊幼兒發展並出版課程和教材教法。她同時身為 Division for Early Childhood（DEC）和 Council for Exceptional Children 的委員，並為 DEC 研究專業的審查委員。此外，Sandall 博士為以下二書的共同編輯：DEC 的 *Young Exceptional Children* monograph 系列和 *DEC Recommended Practices in Early Intervention/Early Childhood Special Education*（with Mary McLean and Barbara J. Smith, Sopris West, 2000）。

Ilene S. Schwartz, Ph.D. Experimental Education Unit, Box 357925, University of Washington, Seattle, Washington 98195

　　Schwartz 博士是華盛頓大學特殊教育教授，她與特殊幼兒的工作經驗甚豐，尤其是在自閉症幼兒和其他障礙幼兒的臨床經驗最多。Schwartz 博士擔任華盛頓大學實驗教育單位的學前和幼稚園融合方案指導教授，她為方案設計了系列研究與專案人員養成活動。Schwartz 博士同時是多項專案計畫的主要審查者，例如：自閉症幼兒學校本位服務方案，不同自閉症幼兒學校課程之成效研究，融合情境中幼教教師對嚴重障礙幼兒之專業養成課程。Schwartz 博士也擔任 *Journal of Early Intervention* 和 *Topics in Early Childhood Special Education* 二本期刊的編輯委員。

Gail E. Joseph, Ph.D. Head Start Bureau, Administration for Children and Families, 370 L'Enfant Promenade, SW, Washington, D. C. 20447

Joseph 博士是華府啟蒙方案局（Head Start Bureau）的心智健康專家，她於華盛頓大學完成博士學位，並曾擔任該校實驗教育單位啟蒙方案教師。Joseph 博士的研究主要是幼兒社會情緒發展、高危險群幼兒，以及幼兒與家庭之心智健康介入。此外，Joseph 博士是 *DEC Recommended Practices Program Assessment* 一書的共同作者（with Mary Louise Hemmeter, Barbara J. Smith, and Susan R. Sandall, Sopris West, 2001）。

Hsin-Ying Chou, Ed.D. Experimental Education Unit, Box 357925, University of Washington, Seattle, Washington 98195

Chou 博士於 2001 年獲得華盛頓大學的教育博士學位。她是華盛頓大學幼兒教育研究機構——融合教育（Early Childhood Research Institute on Inclusion, ECR II）的研究助理，她在台灣和美國都有與特殊幼兒工作的經驗。Chou 博士的研究興趣包括父母—專業人員之關係和決定。

Eva M. Horn, Ph.D. 1122 West Campus Drive, University of Kansas, Lawrence, Kansas 66045

Horn 博士是堪薩斯州大學（University of Kansas）幼兒教育副教授。她的研究主要在探討嬰兒和幼兒在日常活動以及融合環境中的有效教學策略。Horn 博士是 *Young Exceptional Children* 期刊的編輯。

Joan Lieber, Ph.D. Benjamin Building, University of Maryland, College Park, Maryland 20742

Lieber 博士是馬里蘭大學（University of Maryland）教育學院特殊教育教授。她的研究興趣包括融合教育和教師的信念與教學實務。Lieber

博士有八年的公立學校教學經驗。Lieber 博士也是一般幼兒和特殊幼兒社區本位課程示範計畫的共同指導教授。

Samuel L. Odom, Ph.D. 3234 W. W. Wright Education Building, 201 North Rose Avenue, Indiana University, Bloomington, Indiana 47405

Odom博士為印地安那大學（Indiana University）特殊教育教授。他曾是學前特殊教育和小學資源教室的教師、實習督導、方案協調者、師資培育者以及研究者。Odom博士在 1999 年時獲得American Educational Research Association（AERA）的特殊教育研究獎；於 2001 年時他獲得 DEC Service 的榮譽獎項。另外，Odom 博士也是 National Academy of Sciences Committee on Educational Interventions for Young Children with Autism 的成員。他的研究主要探討特殊幼兒（自閉症）在一般幼兒環境中與同儕互動的社會能力介入策略。

Ruth Wolery, Ph.D. 2201 West End Avenue, Peabody College of Education, Vanderbilt University, Nashville, Tennessee 37203

Wolery 博士是琵琶帝學院（Peabody College）特殊教育助理教授，也是 Susan Gray School for Children 的主任。在加入幼兒教育研究機構——融合教育（ECR II）的研究團隊之前，她有多年在公立學校任教的經驗。她目前的教學和研究興趣是提供特殊幼兒在學前融合教育情境中的高品質服務。

譯者簡介

盧明（作者介紹、序、謝辭、第 1 至 12 章、附錄 A 至 B）

學歷：美國南卡羅萊納大學博士（主修幼兒教育）
美國奧瑞岡大學研究進修早期療育、學前特殊教育
經歷：國立台北教育大學幼兒教育學系副教授兼系主任
中原大學特殊教育學系副教授
國立嘉義師範學院特殊教育學系副教授兼系主任
美國南卡羅萊納大學幼兒中心助理教師
美國南卡羅萊納大學幼兒教育學系研究與行政助理
信誼學前教育基金會教師、活動策劃
現職：國立台北教育大學幼兒與家庭教育學系副教授兼系主任

魏淑華（第 49 至 97 頁、第 1 至 4 章的表格）

學歷：國立台北師範學院幼兒教育師資科
國立台北師範學院幼兒教育學系學士
台北市立大學運動教育碩士
經歷：國立林口啟智學校學前部教師
台北縣成州國小附設幼稚園教師
台北市立文山特殊教育學校幼兒部教師
現職：台北市南區特教資源中心巡迴輔導教師

翁巧玲（附錄 C）

學歷：國立台北師範學院進修部幼兒教育學系學士
國立台北教育大學造型設計學系玩具與遊戲設計碩士
經歷：台北縣九份國小附設幼稚園教師
台北市興雅國小附設幼稚園教師
現職：新北市北港國小附設幼兒園教師

序

　　自 1985 年以來，融合教育已成為學齡前幼兒的普遍性服務，而提供幼兒發展合宜的課程、教學和環境的議題隨之成為幼兒教育、學前特殊教育領域的關注焦點。而發展有效教室作息安排、設計學習角落、實施創造性活動，以及營造關懷氛圍的教室，都是為所有幼兒提供優質幼兒教育的關鍵性方針。同時許多教學實務的討論，也已經將其範疇延伸至增進個別化幼兒的學習，尤其是對特殊幼兒在融合教育情境中的學習有諸多討論。

　　不論是老師或相關專業人員，經常提出融合教育的服務實務有教學的困難和挑戰。有些專業人員認為教學的責任並不在他，也有專業人員認為他們盡可能在每日活動中提供幼兒學習的機會。而從我個人的研究與培育師資的經驗中歸結，未能有效地進行教學其最重要的原因，乃是在學前融合教育的教室中，其互動情境是頗為複雜的歷程，而克服教學執行的困難，則必須藉由仔細的計畫與執行。此部分的討論在本書第 2 章中有詳述內容：

　　「建構模式的發展和設計兼具研究和實務基礎，並且以社區本位學前融合教育的重要條件與要素為模式發展的綱領。教師可應用此模式幫助不同發展程度和需求的幼兒參與活動和學習。」

　　「教師在使用建構模式的先決考量應包括：幼兒個別化長期和短期目標與適宜的教材教法結合；決定幼兒需要的協助程度；提供適合幼兒的協助方法；判斷協助方法的有效性。」

　　本書作者群已運用此模式為約二十位特殊幼兒設計學習計畫和實際執行教學。

　　作者群強調優質的幼兒教育環境，以及專業人員與家庭合作的重要

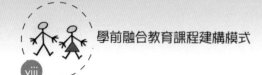
性。落實教學的過程比我們所知有效班級經營的知識來得更為複雜。在學前融合教育的領域中，最大的挑戰乃是理論與實務的有效結合。本書作者群結合了研究和多年的實務經驗，才完成了這本提供直接面對幼兒的專業人員和家庭之實用書籍。我認為這本書的確是難得的佳作。

書中的內容完整充實，包含有效地實施學前融合教育之重要和必要資訊，對於不同能力程度幼兒的教學計畫和教學策略，在書中都有具體詳實的建議和做法。此外，作者群也提供實際可用的表格，以及班級經營和幼兒行為適應的策略。綜言之，本書將教學相關的重要元素統整成完整的架構，以利老師有效地運用。這些資訊對幼教老師而言都是執行融合教育的重要方法。

在學前特殊教育的領域中，關於融合教育對幼兒的益處和難處已被廣泛地討論，諸如此類的討論多以幼兒教育權利的觀點來看，或是針對融合教育的支援服務加以探討。雖然我相信融合教育是幼兒權利的概念已被更普遍地接受，但是我認為，我們對於為不同幼兒提供有意義及有效的社區本位課程，仍有很長的路要努力。

這是一本值得閱讀的書，其原因是：首先，本書強調對不同能力程度的幼兒，教學取向必須有多元性。第二，書中提供實用的工具和指引，幫助老師做合宜的教學決定和教學方法。第三，本書是以發展合宜的教室為教學情境，如此則避免了發展合宜理論和實務落差的假設。最後，本書可被不同專業人員使用，而此模式也可與不同的幼教課程結合運用，頗具實用性和應用性的價值。不可諱言，融合教育的複雜性和困難絕非藉由一本書即可全然解決，但是本書至少提出了大部分難題的克服之道，而使特殊幼兒獲得有意義的融合教育。

Mary Louise Hemmeter, Ph.D.

伊利諾大學香濱校區

謝辭

　　我們曾被許多學生、同事、實務工作者問及：「什麼是融合教育中提供專業教學的意義？」也就是這問題激發我們撰寫本書的構想和行動。問題的答案雖難探究，但卻有其重要性。經由諮詢學生、父母、同事、實務工作者的意見，我們瞭解一本對使用者而言，方便又易懂的融合教育實務書籍是目前的需求。我們期望本書能讓老師提升融合教育教室中專業教學的有效資源，使專業教學對增進特殊幼兒發展有正向影響。

　　許多人在本書的撰寫過程中貢獻他們的心力。有些人已被肯定，有些人或許並不自知自己的貢獻。首先，我們要感謝和我們共同參與撰寫歷程的人。我們很幸運和一群專業知能厚實的團隊工作，不論是共同作者、學生和同事，都是我們完成本書的重要助力。

　　建構模式（Building Blocks model）的計畫是在幼兒教育研究機構——融合教育（ECRⅡ）中執行，此機構是美國教育部撥款成立的。Sam Odom 為此臨床計畫的主要審查者，他克服距離和方法的限制，盡可能和我們共同瞭解為特殊幼兒提供融合教育的困難和可能性。我們花五年多的時間從蒐集的大量資料中尋索，分析出對父母、老師和幼兒有意義的資訊。

　　為了使本書包涵文化多元性的特質，許多不同區域的研究者共同參與了計畫。這些研究者來自舊金山州立大學（San Francisco State University）、馬里蘭大學（University of Maryland）、北卡羅萊納大學（University of North Carolina）、華盛頓大學、凡德比特大學（Vanderbilt University）。另外，我們要感謝本書的審查委員：Paula Beckman、Marci Hanson、Eva Horn、 Joan Lieber、Jules Marquart 和 Ruth Wolery。他們對本書提供了許多寶貴的意見，也因為他們的合作參與，使本書更臻完

善。

我們也對許多參加計畫的同事、老師和督導獻上誠摯的感謝，包括：

- Diane Bricker，奧瑞岡大學（University of Oregon）
- Mark Wolery，凡德比特大學
- Phil Strain，科羅拉多大學（University of Colorado）以及他在彼茲堡大學（University of Pittsburgh）的同事——Diane Sainato，俄亥俄州立大學（Ohio State University）；Scott McConnell，明尼蘇達大學（University of Minnesota）；Howard Goldstein，佛羅里達州立大學（Florida State University）
- Judy Carta 和她的同事們，堪薩斯州大學（University of Kansas）Juniper Garden 幼兒計畫
- Rebecca Fewell，邁阿密大學（University of Miami）
- Don Baer，堪薩斯大學
- Susan Fowler，伊利諾大學（University of Illinois）
- Robert Koegel，加州大學（Unversity of California）；Glen Dunlap，南佛羅里達大學（University of South Florida）
- Marilou Hyson 和達拉威爾大學實驗學校（lab school at the University of Delaware）的老師及工作人員
- 華盛頓大學實驗教育單位 Alice Hayden 學前學校（Alice Hayden Preschool at the Experimental Education Unit, University of Washington）的幼兒、家長和老師

最後，我們要感謝 Joan Ronk、Margaret Brashers（華盛頓大學），Heather Shrestha（Paul H. Brookes Publishing Co.），他們將手稿整理成文稿，編輯成易讀易用的出版書籍，本書能順利付梓，他們是幕後的推手。

Susan R. Sandall and Ilene S. Schwartz

華盛頓大學，西雅圖

模式的應用

1 CHAPTER

緒論

　　本書的特色在於，引用許多在融合情境中，支持和提升特殊幼兒發展和學習的教學實例。這些實務內容期能對學前社區本位融合教育的實務工作者在設計規劃課程和教學時有所幫助，例如：教師、保育人員、相關專業人員和諮詢教師。

　　書中主要以「建構模式」（Building Blocks model）為架構，此架構是一系列教學實務的組合，其重點在提供教師在學前融合教育情境中，有效地實施課程和教學。這些多元方法和策略能提供教師兼顧不同需求幼兒的重要技能學習，而且教師也可將書中的方法和策略與班級課程結合運用。舉例而言，教師可將書中的實務策略和以下的課程結合，以充實對特殊幼兒的課程內容：「創造性課程」（Creative Curriculum）（Dodge & Colker, 1992）、「高瞻遠矚」課程（High/Scope）（Hohmann & Weikart, 1995）、「三至六歲評量、評鑑課程系統」〔Assessment, Evaluation, and Programming System（AEPS）Curricalum for Three to Six Yearss, Second Edition〕（Bricker & Waddell, 2002）。

●●● 重要名詞 ●●●

為了讓讀者能更清楚地瞭解模式中脈絡中的用語意義，以下介紹貫穿本書的重要名詞釋義。

融合

融合（inclusion）乃指特殊幼兒和一般幼兒，在同一教室〔例如：啟蒙方案（Head Start）、托育機構、學前班〕和社區情境中的主動參與。在這些情境中，家庭和專業團隊共同提供幼兒個別化需求的服務（Filler, 1996）。對學齡前的幼兒而言，融合教育的情境應提供所有幼兒支持和相關服務，以促進幼兒達成有意義的學習，同時形成和維持幼兒之間良性的社會關係。

特殊幼兒

特殊幼兒（children with disabilities and other special needs）是指符合特殊教育服務和具有個別化教育計畫的幼兒。此名詞亦包括因不同原因在教室中需要教師額外的協助或注意的幼兒。

個別化教育計畫

個別化教育計畫（individualized education program, IEP）是三至二十一歲需要特殊教育服務學生的重要文件，此文件之法令依據為「障礙者教育法」〔Individuals with Disabilities Education Act（IDEA）of 1990〕（PL 101-476），以及 1997 年的修正法（Amendments of 1997）（PL 105-17）。個別化教育計畫的內容包括：(1)兒童現階段的能力程度；(2)兒童的年度目標和短期目標；(3)特殊教育和相關服務；(4)兒童參與普通教育的程度；(5)評量方式；(6)提供服務的起訖日期。對於十四歲或以上

的學生,個別化教育教畫中須包括從高中邁入成人階段的轉銜計畫。三歲以下的幼兒和其家庭,則是以個別化家庭服務計畫(individualized family service plans, IFSPs)為主。

社區本位教室

凡幼兒教育相關機構中的教室,皆可稱之為社區本位教室(community-based classrooms),包括托育中心、公立幼兒園、啟蒙方案、私立或合作式學前學校。而診所、實驗教室或其他特殊學校則不包括在內。

啟蒙方案

啟蒙方案(Head Start)是由聯邦政府支持的幼兒教育方案,其主要服務對象是低收入戶家庭的幼兒,但依法令規定,啟蒙方案須保留 10% 的名額給特殊幼兒。

相關服務

相關服務(related services)包括物理治療、職能治療、語言治療和心理服務,其他支持幼兒的教育之相關服務亦屬此範圍。相關專業的執行者必須具備專業證照,例如:語言治療師證照、兒童心理師證照。

團隊

特殊教育和相關服務乃是由團隊所提供,一個團隊(team)的成員包括家庭成員和專業人員,團隊成員共同合作計畫和執行幼兒的教育計畫。

幼兒教育

本書中的幼兒教育簡稱幼教(early childhood education, ECE),乃

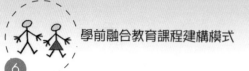

指為三至六歲幼兒所提供的教育課程或活動。幼教老師（ECE teacher）即指具有兒童發展和幼兒教育專業訓練養成的教師，這些教師大多具備合格的幼兒教師資格。

▢ 特殊幼兒教育

本書中的特殊幼兒教育簡稱特殊幼教（early childhood special education, ECSE），乃指對三至六歲特殊幼兒或疑似個案的幼兒，所提供的教育課程、活動需求和服務。特殊幼兒教育的內涵必須符合聯邦政府和州政府的法令規定，其實施方式須符合研究所得的有效方法。特殊幼教老師（ECSE teacher）須具備特殊幼兒師資訓練和養成教育，教師必須具備專業證照和認證資格。

●●● 書中的主角 ●●●

本書中的實務例子來自以下四位幼兒和他們老師的故事。

Nhan——Nhan 是一個四歲的越南裔美國男孩。他因為語言和社會技能發展遲緩而接受特殊教育。Nhan 上托育中心的時間是星期一至星期五早上 7:30 至下午 6:00。他的雙親會說英語和越南語。Nhan 在二歲之前和他的兄姊都是在家由祖母照顧，而祖母只會說越南話。托育中心的老師對於 Nhan 的某些行為表示關心，並建議父母為 Nhan 安排評量。Nhan 在三歲時被鑑定為符合接受特殊教育和相關服務的個案。特殊幼教老師和語言治療師每星期一次至班級輔導 Nhan。在 Nhan 的班級中，還有一位有個別化教育計畫的幼兒，他也接受另一位特殊幼教老師的輔導。Nhan 的班級老師使用「創造性課程」（Dodge & Colker, 1992）。

Tina——Tina 四歲白人女孩。她被診斷為唐氏症，並且有輕中度的全面性發展遲緩。Tina 在二個月大時即接受早期療育的課程，而且有家訪員到宅服務。至學步兒期，Tina 在兒童發展診所接受療育。Tina 三歲時進入公立學校的學前班。她的母親在今年將Tina 轉學至社區裡的啟蒙方案班級，這也是 Tina 哥哥之前就讀的班級。在 Tina 的班級中，另一位幼兒也有個別化教育計畫。特殊幼教老師和語言治療師每星期一次至班輔導二位幼兒，並與班級老師討論。Tina 的老師 Dolores 已經有多年啟蒙方案班級的帶班經驗，目前班級的課程是「高瞻遠矚」課程（Hohmann & Weikart, 1995）。

Samisha——Samisha 是一位五歲腦性麻痺的非裔美國女孩，她和雙親、祖母和三位兄姊同住。Samisha 正在學習使用助行器，當她受到鼓勵時，可以使用助行器快速地移動。Samisha 常用身體在教室地板上移動。她很喜歡獲得注意，也很愛和人社交。在語言發展方面，Samisha 有輕微的發展遲緩，而在認知發展方面則為正常。雖然 Samisha 樂意接觸班上其他幼兒，但是她與同儕的互動並不理想。Samisha 在輪流和分享方面仍須學習；而她有不錯的扮演遊戲技巧，然而若是同儕提出的意見與她的故事內容不同時，Samisha 很難改變自己的想法而接受同儕的意見。Samisha 就讀的公立學校學前班總共有十五位幼兒，其中九位是一般幼兒，六位幼兒接受特殊教育服務。二位班級老師分別是 Gia 和 David，他們一位是幼教老師，一位是特殊幼教老師。二位老師參考多種幼教教材和活動相關書籍，共同發展班級的教師自編課程。

Drew——Drew 是三歲白人男孩，和雙親及哥哥、弟弟同住。Drew 在三十個月大時被診斷為高功能自閉症。他的語言表達不錯，可是有非年齡合宜的語言表達。Drew 的辭彙不少，也可以用完整句表達需求，但少有社交性對話和意見表達。Drew 可以長時間獨自一個人玩喜歡的玩具。他喜歡的玩具是火車、迪士尼玩偶和彩色筆。Drew 對其他玩具缺乏興趣，也不太會玩其他玩具。Drew 的遊戲行為屬於重複性或一成不變型。而 Drew 對班級中的其他同儕或自己的兄弟都表現出沒興趣的樣子。他和母親的依附關係很強，母親也是他尋求安慰和幫助的對象。Drew 最需要學習情緒的控制，他不喜歡依循成人的指令，別人對他說「不」時，往往會引發他大發脾氣。Drew 就讀公立學校的反回歸班（reverse mainstreaming），班級中有九位特殊幼兒，六位一般幼兒，總共十五位幼兒。班級主帶老師有接受過特殊幼兒教育的訓練，使用的課程是「評量、評鑑、課程系統」（AEPS）（Bricker & Waddell, 2002）。

　　關於 Nhan、Tina、Samisha 和 Drew 以及他們的老師和同學的故事，將呈現於本書的實務範例中，而這些範例提供融合教育情境裡對特殊幼兒發展與學習的支持、引導和具體方法。

2
CHAPTER

建構模式

　　建構模式的發展和設計兼具研究和實務基礎，並且以社區本位學前融合教育的重要條件與要素為模式發展的綱領。教師可應用此模式幫助不同發展程度和需求的幼兒參與活動和學習。

　　教師在使用建構模式的先決考量應包括：幼兒個別化長期和短期目標與適宜的教材教法結合；決定幼兒需要的協助程度；提供適合幼兒的協助方法；判斷協助方法的有效性。其他專業人員（如：治療師、相關領域專家）和教師可共同討論以上的教學決定，一起為幼兒提供完善的服務。

　　另一方面，一個成功的幼兒融合教育情境，首先必須具備優質的幼兒教育環境條件，亦即該環境能培養幼兒基本發展需求。因此，運用建構模式的第一步即是評量教室的環境，第 4 章中的「優質教室評量表」（Quality Classroom Assessment Form）可幫助教師評量幼兒所處的環境是否符合所謂優質幼兒環境。在評量（assessment）過程中所蒐集的資料可提供教師作為教學決定的訊息。專業團隊亦可運用評量資訊，共同討論教室環境與幼兒發展和學習的關係，進而討論和規劃環境的設計。

　　運用模式的第二步是專業團隊共同討論和考量，幼兒個別化長期和

幼兒焦點行為
的具體教學策略

嵌入式學習機會

課程調整與改變

優質的幼兒教育

圖 2-1　建構模式

短期目標活動的關係。第 4 章中的活動矩陣表可幫助教師計畫個別化目標和活動及作息的結合。

　　第三步的重點在於為有困難融入教室活動的幼兒計畫。幼兒個別化教育計畫中的優勢、興趣和需求，必須在計畫課程時同時考慮。對於障礙幼兒、行為問題幼兒或是其他學習困難的幼兒，專業團隊尤其需要用心調整或修改課程，或是計畫更多幼兒學習和練習技能的機會。

　　建構模式的圖示如圖 2-1，其包涵四項要素，如圖的比例可見，愈上層的比例愈小，表示教學的加強性和具體性愈高。第一層是基礎——優質的幼兒教育，對所有的幼兒都是重要的環境條件。其他要素分別為課程調整與改變；嵌入式學習機會；幼兒焦點行為的具體教學策略。每一層要素在之後的章節中將陸續有詳細的描述和說明。

●●● 優質的幼兒教育 ●●●

　　優質的幼兒教育須具備發展合宜的教學原則，亦即課程和教學須考量符合幼兒的發展和學習；幼兒的優勢、興趣和需求應考量其個別差異；幼兒的社會和文化背景應獲得尊重（Bredekamp & Copple, 1997）。

許多文獻資料中都有關於優質的幼兒教育和發展合宜教學的詳細描述（如 Bredekamp & Copple, 1997; Davis, Kilgo, & Gamel-McCormick, 1998），以下則歸納出發展合宜的幼兒學習環境之必要要素：

- ‧互動性的參與。
- ‧敏銳回應和可預測性的環境。
- ‧多元的學習機會。
- ‧適合幼兒和不同活動的教學。
- ‧發展合宜的教材、活動和互動。
- ‧安全和衛生。
- ‧合宜的幼兒輔導。

以上優質幼兒教育的特質雖是必備條件，但是未必能滿足特殊幼兒的個別化需求，因此，教師還需要進行課程調整才有機會提高特殊幼兒的參與程度。

●●● 課程調整 ●●●

老師或其他專業團隊人員可於不同的活動、作息、角落中運用課題調整，以增進特殊幼兒在班級中的參與。

 讓我們回想第 1 章中的四個幼兒，他們的老師都有為他們調整課程，以調整他們學習目標和活動的結合。例如：Nhan 使用圖示作息表提醒自己該做什麼事。Tina 帶著圖片（照片）或玩具提醒她在回顧時間時進行角落活動的分享。而 Samisha 的座椅前放了一塊大積木，幫助她維持雙腳著地的穩定坐姿。Drew 有一塊寫著他名字的小地毯，幫助他在團體時間知道坐在固定的位置。

　　課程調整（curriculum modification）的目的是改變活動的進行方式或素材，以達到或擴大幼兒的參與程度。增加幼兒參與活動的程度，以及增進幼兒和玩具與同儕的遊戲互動，教師才有機會幫助幼兒發展和學習。若是幼兒的參與程度仍難從課程調整的面向來幫助他，則教師應提供其他更多的協助。課程調整的做法和實例在第 5 章中有詳細的說明內容。

●●● 嵌入式學習 ●●●

　　教室中的各種活動和作息，透過教師的計畫可成為融入幼兒學習和練習技能的時機，諸如此類的計畫性活動稱為嵌入式學習機會（簡稱嵌入學習）（embedded learning opportunities, ELOs）。班級教師選擇適合與幼兒個別化學習目標結合的重要時機，並且配合幼兒興趣，計畫成作息和活動中短時間又有系統的教學互動機會，促進幼兒的個別化需求能在教室活動中有更多練習和學習的機會。此類計畫性活動的內容應包括老師的言語和教學方法，以及使用何種教材和素材。

　　書中呈現的幼兒實例都包括嵌入學習。Nhan 在到園和離園時須練習簡單的問題。Tina 在扮演角和積木角分別練習碗碟和積木的分類。Samisha 須學習玩規則性遊戲，所以她在自由選擇角落活動的時間，老師在益智角引導她玩大富翁的遊戲。而 Drew 在角落和小組活動中，老師讓他利用組合玩具練習遊戲技能。

　　嵌入式學習的關鍵在於能將教學互動盡可能自然地與教室中進行的活動和作息結合；而在必要時檢視和調整教學成效。教師決定使用嵌入式學習或課程調整的差別，在於前者是在幼兒的個別化目標與活動、作

息目標差距較大,或是需要更具體地引導幼兒時使用。第 6 章的內容即是介紹嵌入式學習機會的策略和實例。

●● 幼兒焦點行為的具體教學策略 ●●

當幼兒的某些技能、行為或概念的學習,都不適合使用結合一般課程、課程調整或嵌入式學習的方法時,老師則須為幼兒計畫以其個別化技能、行為或概念的一致性系統化教學,這即是所謂的幼兒焦點行為的教學策略(簡稱焦點策略)(child-focused instructional strategies, CFIS)。

老師可以運用焦點行為的教學策略來落實幼兒學習目標的練習。Nhan 每天早上都有加強他英文字彙的學習,老師會請 Nhan 邀請一位同學加入活動,所以 Nhan 可練習新學會的字彙。Tina 在如廁時則須特別練習穿脫衣褲。而老師特別為 Samisha 安排維持互動技能的練習,Samisha 的練習情境是每天開始玩扮演角時進行。老師以系統化提示的策略,讓 Drew 和同儕在小組活動時練習輪流對話。

相較於課程調整和嵌入式學習,幼兒焦點行為策略的方法更為個別化,其介入程度也更高;因此,這些活動可能與教室中的其他活動會有明顯的不同。第 7 章中會進一步說明如何在教室中運用焦點策略。

●● 合作 ●●

有效運用建構模式有賴於教師和其他專業人員的合作(collaboration)。事實上,合作仍是融合教育的基石。一個合作式的專業團隊在信念、目標、專業、分工等不同面向,都能彼此分享和共同合作。專業

團隊、相關專家和家庭成員互相合作，才能促進幼兒的發展和學習有最佳成效。

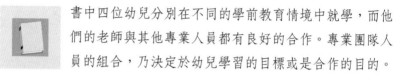

書中四位幼兒分別在不同的學前教育情境中就學，而他們的老師與其他專業人員都有良好的合作。專業團隊人員的組合，乃決定於幼兒學習的目標或是合作的目的。以 Nhan 來說，他的父母、班級老師、諮詢老師和語言治療師，每星期都固定討論 Nhan 的溝通學習和進步狀況。Tina 的老師 Dolores 和助理老師 Maggie 每天放學後的時間，都一起討論 Tina 當天的表現，也計畫隔日的教學活動。為了幫助 Drew 的脾氣控制，班級老師 Jennie、助理人員 Marlene、語言治療師、職能治療師、行為專家和 Drew 的媽媽，一起參與擬訂行為輔導的策略方案。四位幼兒的個別化教育方案都是經由教師、家長、相關專業人員和學校行政人員共同參與而決定的。

合作技巧須經過不斷地練習才能熟練運用，這些技巧是成功的融合教育不可或缺的必要元素。第 3 章提供有關合作技巧的資訊和策略。

●●● 摘要 ●●●

本章主要內容在介紹建構模式。建構模式的目標是幫助老師辨別、計畫和運用策略，讓幼兒在融合教育情境中產生符合他們個別化需求的發展和學習。以下章節的內容將更詳細地介紹不同的教學策略。

3
CHAPTER

合作的關鍵

　　學前融合教育的成功與否，專業團隊成員的合作乃是重要關鍵，專業團隊的跨領域組合和合作能促使發展創新融合教育，團隊成員不僅是以團隊的形式共同合作，也是分享資訊和解決問題的協力者。一個優質的團隊合作必須符合以下的條件：

- 充分的聚會時間
- 尊重彼此的貢獻
- 信任的關係
- 有效的溝通
- 所有成員的參與
- 認明目標和發展策略的專業知能

●●● 專業團隊的組成 ●●●

　　由於融合教育和特殊教育的多元化服務模式（Odom, Horn, et al., 1999），組織專業團隊的第一步即必須決定團隊模式、目標和組成人員。表 3-1 列述不同的融合模式，並說明其團隊成員的專業任務。

專業團隊成員認同其目標是有效運作的基礎，因此，經常反思「專業團隊所重視的目標為何？」可提升成員之間的凝聚力。團隊模式和其目標的例子列舉說明於表 3-2。

此外，專業團隊成員也包括教室中的助理人員或類專業人員（para-professionals）；相關專業服務人員則包括如物理治療師、職能治療師和語言治療師。幼兒的父母或監護人以及相關行政人員也勢必成為參與的成員。專業團隊成員的多少，和其執行任務有關，例如：參與個別化教育計畫會議的團隊成員人數，可能比參與課程計畫會議的人數來得多。

表 3-1　融合模式

服務模式	說明
團隊教學	幼教老師和特殊幼教老師共同計畫和進行融合教育的課程及教學。
諮詢	幼教老師負責融合教育的教學，特殊幼教老師定期到班諮詢服務。
反回歸	特殊幼教老師為融合教育班級中的主帶教師。
統合活動	幼教老師和特殊幼教老師分別帶班，並安排固定的班級班際共同活動。

表 3-2　專業團隊目標示例

模式	目標	成員
團隊教學	計畫班級學習活動	幼教老師
團隊教學	擬訂 Samisha 的個別教育計畫	Samisha 的父母、幼教老師、特殊幼教老師、物理治療師、語言治療師、幼兒園主任
諮詢	為 Nhan 擬訂幼兒園活動調整	幼教老師、特殊幼教諮詢老師、諮詢語言治療師、助理老師

團隊會議的安排

　　許多老師都會面臨和相關專業人員安排開會時間的困難，以下的策略或可幫助老師解決這個時間安排的難題：

- 幼兒到園或離園後的時間。
- 幼兒午睡的時間。
- 利用其中一位專業人員到園帶活動的時間，與其他人員開會。
- 固定安排老師一星期中有一天早離園去參加會議。

　　電話和電子郵件的溝通不失為好方法，但是不可取代面對面的會議，在會議中的溝通可增進成員的信任感和不同觀點的理解，而電子郵件的溝通往往無法清楚傳達彼此的信任和理解。

團隊會議的組織架構

　　專業團隊一旦組織成形並建立開會時間後，接下來即是安排每次會議的主席。主席的工作包括擬定議程，蒐集和確定議題；在會議歷程中主持討論、協助成員的參與和討論。會議記錄者必須將決議事項詳細記錄，以及記錄下次會議的負責人員。另外為確實掌握開會時間，最好安排一位與會人員負責計時。

　　會議主席除了擬訂和確認會議討論議題之外，也須整理彙摘前一次的會議決議執行狀況報告。此外，主席也須確認當次會議的主旨，並和其他與會者共同決定討論的議題。會議最後的臨時動議，與會者可進行未盡事宜的討論。

　　會議進行歷程中，主席應負責議題被充分討論，也須注意與會者的參與狀況，尤其須鼓勵沒有發言者表達意見，因為沉默可能意涵不同的意見。主席也須時時掌握議題討論的焦點，以免離題而浪費時間。最後主席應將討論內容整理摘要和報告，必要時意見表達者也可再次澄清和

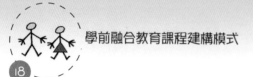
說明。

最後主席可請記錄者提醒下次開會的時間和所需完成的工作。會議的組織架構詳細資料可參閱 Hunter、Bailey 和 Taylor（1995）的書籍。

達成團隊目標的步驟

在專業團隊為達成目標共同努力之前，團隊成員必須對目標有清楚的瞭解和共識。舉例而言，幼教老師和特殊幼教老師須溝通清楚融合教育班級計畫活動的意義。以下的問題可幫助團隊成員澄清目標：

· 我們需要一起編寫教案嗎？
· 我們需要協同教學嗎？
· 是否主要是幼教老師計畫活動，特殊幼教老師計畫活動調整？
· 是否幼教老師和特殊幼教老師輪流負責計畫每天或特定活動？

每一個問題的答案都沒有所謂對或錯，重點在於成員的共識和達成目標的分工與合作。有些團隊會利用星期五的下午開會，共同編擬下一週的教案。次一週的星期五則同時檢視是否達成既定的目標。

●●● 問題解決 ●●●

團隊成員面對問題時，可參考 Friend 和 Cook（2000）以及 Pugach和 Johnson（1995）的問題解決步驟：

1. 確定問題。
2. 蒐集解決方法。
3. 評估解決方法。
4. 執行經選擇的解決方法。
5. 評估成效。

Tina 的老師 Dolores、助理老師 Maggie、特殊幼教諮詢老師和諮詢語言治療師以諮詢模式為合作方式，他們的目標是幫助 Tina 參與所有的活動。Tina 拒絕從遊戲場走回教室，影響了他們幫助Tina達成學習目標。因此，他們開會的主要討論即是如何解決 Tina 的拒絕行為。

明確地瞭解問題是解決問題歷程中最重要的第一步。為了對Tina的拒絕行為更加瞭解，並在成員中形成共識，必須針對以下的問題加以討論。

・Tina 拒絕的方式為何？
・Tina 做了什麼？說了什麼？
・發生這樣的情況有多久了？
・在其他情境有類似這樣的行為發生嗎？
・成人（教師）如何處理？

一旦問題的成因和脈絡瞭解在成員間有了共識，則可進行蒐集解決問題的方法。Friend和Cook（2000）提出三種方法來幫助成員產生解決方法：腦力激盪、腦力書寫法、小組提名技巧。

腦力激盪（brainstorming）的過程中，成員說出對問題可能的解決方法，成員之間不下任何評斷。腦力書寫（brainwriting）法也是類似的過程，而成員是寫下想法，不是說出想法。小組提名技巧（nominal group technique）的進行方式是每位成員輪流提出數個不同的方法，記錄者分別列述後，成員分別對解決方法給 1 至 5 的分數，累計每個方法的得分高低。

團隊成員評估解決方法時，須就方法的正面和反面加以討論。有些方法涉及其他單位或規定（例如：經費核發、工作協調），成員在討論

時也須一併考量。

Tina 的專業團隊提出以下的解決問題方法：
- 牽著 Tina 一起走回教室。
- 讓 Tina 坐在拖車中拉她回教室。
- 讓 Tina 的好朋友陪伴她一起走。
- 讓 Tina 帶著喜愛的玩具回教室。
- Tina 進教室後即可參與她喜歡的活動。
- 讓 Tina 和她喜歡的老師一起走。
- 等待（不說話）Tina 自己站起來走回教室。
- Tina 回教室後給予明確的增強。

團隊成員經由討論後，決定使用同儕夥伴策略，接著他們著手進行以下的工作：
- Dolores 和班上一些幼兒進行討論，鼓勵他們成為 Tina 的夥伴。
- Dolores 或 Maggie 在戶外活動快結束前，提醒 Tina 選一位朋友一起走回教室。
- 特殊幼教諮詢老師負責拍 Tina 和夥伴回教室的照片，做成紀錄。
- 特殊幼教諮詢老師將紀錄資料整理成表。

問題解決的最後步驟乃是執行選擇的解決方法、蒐集資料；而執行策略一段時間後，團隊成員須進行評估成效，若是策略有效，則可繼續進行；若是成效不佳，則須重新討論其他可能的策略。第 4 章中的評鑑工作單（Evaluation Worksheet），以及附錄 A 的團隊工作計畫（The Team Agenda）和問題解決工作單（Problem-Solving Worksheet）可結合使用和記錄。

4
CHAPTER

建構模式的步驟介紹

　　建構模式的最重要意義是幫助老師澄清教室中的關注焦點，以及計畫策略以將幼兒的個別化目標融入課程。這個模式適用於不同學習困難、行為問題，或是鑑定為特殊需求的幼兒。

　　本章的重點即詳細描述使用建構模式的步驟，亦即從專業團隊的初步關注（例如：如何落實個別化教育計畫的目標、幼兒的特殊行為為何），到擬定一份實用計畫的一系列步驟說明，以幫助專業團隊在實際教與學的情境中落實幼兒的個別化目標。本章的主要目標內容如下：

- 對所有幼兒而言，評量其所處環境是否優質。
- 確定教室作息。
- 蒐集幼兒個別化學習目標。
- 專業團隊評量個別幼兒的學習需求。
- 澄清關注的焦點。
- 建構並使用「幼兒活動矩陣」（Child Activity Matrix）。
- 實行計畫。
- 評鑑計畫。

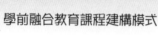
對應上述目標的表格可幫助團隊成員有效地達成上述目標，團隊成員可視實際情況選擇使用所需的表格，撰寫內容可參考本章表格實例，附錄 A 的空白表格可直接影印使用。

●●● 步驟 1：評量環境 ●●●

建構模式的基礎在於優質的幼教環境。「優質教室評量表」中十項基本品質指標，提供專業團隊成員檢視教室環境是否符合幼兒的興趣，引發幼兒參與，提供平衡的活動和學習，以及提供幼兒生理和情緒的安全。圖 4-1 是 Tina 的老師所完成的教室評量表。

有些老師或許也可選擇其他評量工具來檢視環境，例如：「幼兒環境評量表──修訂版」（Early Childhood Environment Rating Scale – Revised）（ECERS-R; Harms, Clifford, & Cryer, 1998），或是幼兒園評鑑環境的指標。不論工具為何，評量環境就是重要的第一步。

做什麼

教室環境應對所有幼兒都是有意義的學習情境，專業團隊成員應針對評量結果中的弱點或欠缺的部分加以討論和改善，評量項目的答案為「否」或「不確定」的項目即是須採取改善行動的內容。「班級行動策略工作單」（Classroom Action Worksheet）（圖 4-2）幫助團隊成員計畫改善行動的執行；另外，教室資源相關書籍（參閱附錄 B）也是可運用的參考資料。當團隊成員落實這些行動策略，也是確保所有的幼兒都獲有優質的學習環境。

優質教室評量表

日期：01/16/02

班級：啟蒙方案班級

團隊成員：Dolores Sherman（教師）　　Maggie Ong（助理教師）

目標：評量教室環境

指標	是	否	不確定	實例
1. 幼兒是否大部分時間和其他幼兒玩和使用素材？	×			大部分的時間由幼兒們主動。
2. 幼兒在一天的作息中，是否有多樣性的活動？	×			有計畫安排不同的活動。
3. 班級老師在一天的不同時間是否包含小組、團體和個別的活動？	×			我們有計畫小組，團討時間，計畫、執行和回顧時有個別的時間。
4. 教室裡的佈置是否有幼兒的原始圖畫作品、他們自己的文字和口述的故事？		×		大部分都是圖畫作品，沒有屬於幼兒的文字。
5. 幼兒的學習是否富含內在意義背景（例如：與他們的興趣和經驗相關）？	×			根據高瞻遠矚課程作為學習中心。
6. 幼兒工作時是否有足夠時間玩和自由探索？	×			有小組的活動也有計畫執行回顧，依他們自己的速度。
7. 幼兒是否有機會到戶外玩和探索？	×			總是依計畫。
8. 老師在一天中，無論是個別或小組時間，是否讀書給幼兒聽？		×		在大團體時間有讀書給幼兒聽，但沒有在個別時間講故事；圖書角不受幼兒歡迎。
9. 老師是否做課程調整去幫助那些領先或有需求的幼兒？			×	我們不確定高瞻遠矚課程是否適合 Tina 的需求。
10. 幼兒和其家庭是否感到安全？	×			大部分的幼兒抵達時都很快樂，大部分的家長也參與親子活動。

備註：我們需要一個完整的班級行動策略工作單來改善問題 4、8 和 9。

圖 4-1　優質教室評量表（由 Tina 的老師完成）

班級行動策略工作單				
日期：01/17/02 團隊成員：Dolores 和 Maggie				
指標	問題	我們可以做什麼？	誰來做？	什麼時候開始？
4. 教室裡的佈置是否有幼兒的原始圖畫作品、他們自己的文字和口述的故事？	我們有圖畫作品，但沒有屬於幼兒的文字。	我們可以邀請幼兒談一談他們的作品，然後把他們說的故事寫下來貼在教室，成為佈置的作品。	Dolores 和 Maggie 兩位老師。	星期一開始並持續下去。
8. 老師在一天中，無論是個別或小組時間，是否讀書給幼兒聽？	我們有大團體講故事時間，但沒有為每個人個別講故事時間。	把圖書角的佈置變化得更有趣。請一位大人在圖書角中間，唸故事書給小組和一對一的幼兒聽，並在故事時間增加一些誘發的東西。	Maggie 老師會重新佈置圖書角以及在每週三增加義工。Dolores 老師將獲得新的支持。	下週開始。
9. 老師是否做課程調整去幫助那些領先或有需求的幼兒？	似乎沒有幫助 Tina 在精細動作方面進步。	請教諮詢特教老師更多資訊，把特殊幼兒的目標，擬定成工作分析法，並請特教老師為班級老師示範。	Dolores 老師將請教諮問特教老師，並預定拜訪時間，請特教老師來示範。	兩週內開始。

圖 4-2　班級行動策略工作單（由 Tina 的老師完成）

●● 步驟 2：計畫教室作息 ●●

為確實提供幼兒身心安全的學習環境，必須詳實安排教室中的作息活動。作息活動能讓幼兒學習規律的生活，還必須注意符合下列的條件：

- 規劃符合幼兒需求和能力的活動時段。
- 提供動態和靜態平衡的活動。
- 提供團體、小組活動、單獨遊戲、同儕互動的不同類型活動。
- 安排戶外活動。
- 提供幼兒自發性和教師引導的活動。
- 安排時間充裕的例行性活動（例如：點心、如廁）和銜接活動。
- 計畫充分的教與學時間，減少幼兒等待的時間。

做什麼

專業團隊成員可參考 Davis、Kilgo 和 Gamel-McCormick（1998）的建議，或是參考附錄 B 的資源書籍，為班級建立可行的教室作息活動。

●● 步驟 3：為個別幼兒擬訂計畫 ●●

專業團隊蒐集整理幼兒個別化學習目標（有個別化教育計畫的幼兒，則可直接從中彙整其目標），將目標劃分成小步驟的具體目標，並檢視其是否包含以下的要素：

- 學習者。
- 行為。
- 通過標準（例如：次數、頻率、所需時間的多少或長短）。
- 情境。

Tina 和 Drew 的個別化學習目標實例：

Tina 會依照六種不同物品的屬性（例如：顏色、大小）
正確分類。

Drew 能在三種不同自由遊戲活動中表現五種新學習的遊戲技能（例如：畫水彩畫、玩拼圖、玩積木），每次至少維持 10 分鐘。

老師常會因為幼兒個別化教育計畫中的目標數量太多而苦惱教學時間的窘迫；有時候也是因為花費許多時間介入處理幼兒的問題行為（例如：遊走、搶玩具、大叫）而感到無暇顧及教學。

「幼兒評量工作單」（Child Assessment Worksheet）可幫助老師聚焦幼兒須關注的行為，並將其與作息和活動連結；一方面老師可藉此機會蒐集幼兒行為的資料，一方面也幫助老師檢視幼兒的學習需求是否能在活動中被滿足。

Drew 的老師和其他專業人員利用「幼兒評量工作單」將 Drew 的 IEP 目標融入教室作息和活動中，也從蒐集資料過程中進一步瞭解 Drew 的行為問題。圖 4-3 是此例的詳細說明。

做什麼

專業團隊成員須一起完成「幼兒評量工作單」。首先在表單的第一欄填寫教室作息；接著，在第二欄填寫在不同作息活動中應有的行為表現。例如：點心時間時，你期待幼兒找到自己的座位、坐好吃點心、要求食物和飲料、膳後清理？你期待幼兒自己做到這些事情，還是在老師指示下完成？每個教室的狀況不同，專業團隊成員在填寫這些內容時，可以互相確認彼此對幼兒行為表現是否有共識。第三欄是評量幼兒在例

行性和其他作息活動中的現況表現。此欄亦需專業成員共同完成，如此才有機會瞭解彼此對幼兒行為表現的觀點（良好、平均、再加強），以及溝通所得的共識。

班級活動	班級期望	幼兒的表現層次
	幼兒評量工作單 日期：01/17/02 教師姓名：Jennie　　幼兒姓名：Drew	

班級活動	班級期望	幼兒的表現層次
到園	能夠等待其他幼兒，直到每個人都下車。 並和大家走到教室，不用握住老師的手。	良好 ＿＿＿ 平均 ＿＿＿ 再加強 ×
團體活動時間	坐在自己的墊子上。 看著老師。 參與唱歌和手指遊戲。	良好 ＿＿＿ 平均 × 再加強 ＿＿＿
小組活動時間	參與計畫性的活動。 和同儕分享材料。 坐在座位。	良好 ＿＿＿ 平均 ＿＿＿ 再加強 ×
自由活動時間	嘗試在不同區域活動。 與支持的小老師一起玩。	良好 ＿＿＿ 平均 ＿＿＿ 再加強 ×
收拾和銜接 （轉換）時間	在老師的指示下，把玩具歸位及停止遊戲。	良好 ＿＿＿ 平均 ＿＿＿ 再加強 ×
點心時間	坐在點心桌。 嘗試食物。 與同儕有合宜的互動。	良好 ＿＿＿ 平均 ＿＿＿ 再加強 ×
戶外活動時間	跑和玩。 探索戶外環境設備。 分享玩具。	良好 × 平均 ＿＿＿ 再加強 ＿＿＿
離園	依照老師的指示而行動。	良好 ＿＿＿ 平均 ＿＿＿ 再加強 ×

圖 4-3　Drew 的幼兒評量工作單

步驟 4：澄清問題、重要議題 或關注焦點

　　當專業團隊對幼兒在教室中的表現有了清楚的圖像後，接著須思考的問題是：我們關心些什麼？什麼是幼兒表現好的行為？何時會發生行為問題？問題的優先順序為何？團隊成員可利用「計畫工作單」（Planning Worksheet），將討論幼兒問題的詳細描述記錄下來，並且也記錄可能的解決問題策略。

做什麼

　　專業團隊從「幼兒評量工作單」中將幼兒的問題行為，按優先順序填寫在第一欄的教室活動欄位中。

　　盡可能謹慎地描述問題或關注焦點，第二欄須以具體的描述來說明在教室活動中的幼兒的行為表現，以及未能表現的行為。例如：幼兒在自由活動時間，都只是站或坐在他的工作櫃旁，從不選擇活動。另一個幼兒會自己選擇活動，也會發揮創造力玩玩具，但是從不和其他幼兒說話，只用點頭和手勢表達。團隊成員在第三欄中填寫目前的處理方法——提供什麼協助（例如：肢體協助、重複教學）？處理的方法一致嗎？有提供環境支持嗎（例如：圖示、示範）？班級中的成人和幼兒對問題行為的反應為何？

計畫工作單

日期：01/17/02

教師姓名：Jennie　　　幼兒姓名：Drew

這個計畫工作單將幫助你蒐集更多具體資料，為特定幼兒需要學習擬定教導計畫，融入作息，進行目標學習。

先使用幼兒評量工作單，以確認你認為需要加強學習的三個活動。一旦確認問題需求，蒐集評量資料則是為幼兒擬定教學計畫的下一步。

（關鍵字：CM＝課程調整；ELO＝嵌入式學習機會；CFIS＝幼兒焦點行為的教學策略）

活動	需要學習的表現更詳細說明	你在當下做什麼？	課程教導的想法
小組活動	Drew 會將鄰座幼兒的素材搶過來，他需要大人投注很多的注意力，也需要老師引導他參與活動。	Drew 在小組活動有固定座位，而老師總是坐在他的旁邊。當素材放置桌上時，他經常搶走他最喜歡的素材，而且不願意與同儕分享。這時，老師就必須介入處理。	CM＿×＿　ELO＿＿＿ CFIS＿＿＿ 敘述：希望 Drew 能夠獨立工作至少五分鐘，而且能夠尊重老師的規定，哪些素材是他的。我們將他的素材放在盤子，當他只拿取自己的素材使用時，我們就給予讚美（成人支持）。
自由活動	在自由活動的時候，Drew 對自己喜歡的東西會玩很久，但是拒絕甚至不願意嘗試教室其他的素材。	Drew 會要求選擇到他想去玩的地方玩，而他幾乎經常選擇火車和汽車玩。當老師建議他做新的選擇時，他就會發脾氣，所以老師只好隨他去想玩的地方玩。	CM＿×＿　ELO＿＿＿ CFIS＿＿＿ 敘述：Drew 在自由活動時間至少要到三個區域，老師要確定火車永遠是他選擇的最後一個區域，但他可以在那裡玩較長時間。用圖示卡。
銜接（轉換）活動	如果 Drew 是在一個他喜歡的活動裡，他不會回應銜接（轉換）活動的信號。如果他是在一個不喜歡的活動裡，就會在教室裡跑來跑去。	老師走向 Drew，一再指示他，並用肢體協助他一起銜接（轉換）活動。而他經常發脾氣。	CM＿＿＿　ELO＿×＿ CFIS＿＿＿ 敘述：Drew 將使用圖示卡。在一天的開始，我們將活動流程用圖示卡呈現。而在每一個銜接（轉換）活動時，我們就拿出圖示卡，並重複告訴他這些指示（環境支持）。

圖 4-4　Drew 的計畫工作單

　　表單中的第四欄主要是填寫針對問題行為的協助或教學計畫。完成此欄同樣必須經由團隊成員對幼兒學習目標和行為問題的討論（例如：分享想法、傾聽、問題解決）和溝通（參見第 3 章）。第 5、6、7 章將分別詳述課程調整、嵌入式學習機會、幼兒焦點行為的教學策略。

　　Drew 的專業服務團隊（班級老師、助理人員、語言治療師、職能治療師、行為輔導專家）於課後開會討論對 Drew 的評量結果，並且共同擬訂計畫。Drew 的母親當天無法參加，但是將其意見以書面表達，並請班級老師 Jennie 於會後打電話給她。綜合摘要 Drew 的現況如下：

・Drew 在銜接活動時有困難。

・小組活動時，Drew 會亂拿材料，也不能適當地參與活動。

・他有興趣的活動很少，以致於影響他在自由活動中的參與和學習。

團隊成員也將 Drew 的 IEP 目標臚列於下：

・在小組活動時能適當地使用材料。

・能跟隨老師的指示。

・能對他人的對話主題回應。

・遊戲時能分享或交換物品。

・表現五種新的遊戲技能（例如：畫水彩畫、玩拼圖、玩積木）。

・能回答簡單的問題（例如：你幾歲？）。

因為 Drew 的班級中還有其他特殊需求的幼兒，因此，專業成員考量使用簡單又有效的教學策略，在此之前的其他策略實施成效並不是很理想，專業成員認為他們使用的策略必須有一致性。

他們決定運用課程調整協助 Drew 在小組活動時練習恰當地使用材料；製作圖示（也是課程調整的一種）作息幫助 Drew 參與自由選擇和銜接活動。而老師使用提示（嵌入式學習機會）讓 Drew 學習

跟隨指示。專業團隊在決定策略後，也須討論評量 Drew 的方式和標準。而在教室活動中主要執行策略者是 Jennie 老師和諮詢老師。

●● 步驟 5：建立活動矩陣 ●●

活動矩陣（activity matrix）能幫助教師在教學活動中落實幼兒重要的個別化目標，它也對專業團隊有提醒的功能，並幫助專業團隊和老師在有限的時間內有效地運用時間和資源。活動矩陣提供的提醒事項包括：(1)計畫完成的作息；(2)幼兒人數和活動數量；(3)可提供協助的成人人數；(4)須成人監督指導的活動。

活動矩陣可以書寫、電腦建檔、製作成海報等方式完成，重要的是專業團隊成員在建構矩陣時必須主動參與，否則難以透過矩陣達到提醒成員執行計畫的功能。若僅是閱讀由他人準備的矩陣，而缺少實際執行的歷程，則會減少對活動矩陣的計畫和練習機會。

做什麼

在活動矩陣的左邊欄位填寫教室作息，並在圖表上方填寫個別幼兒的姓名及在第一行列述現在的目標。如果有超過一位幼兒或是包括全體幼兒時，則同樣在左邊欄位寫下作息，將幼兒們的姓名分別列在第一行（書中的實例包括一位幼兒、多位幼兒的活動矩陣，以及蒐集幼兒評量資料的例子）。建議使用簡稱或代碼填寫活動矩陣：

CM=課程調整

ELO=嵌入式學習機會（嵌入式學習）

CFIS=幼兒焦點行為的教學策略（焦點策略）

圖 4-5 是為 Tina 設計的活動矩陣。圖 4-6 則是為 Tina 的班級計畫的矩陣，其中包括有 IEP 的 Tina 和 Tyrone，以及有行為問題的 Ricky。圖 4-7 是 Drew 的活動矩陣。

幼兒活動矩陣

日期：01/17/02

教師姓名：Dolores　　　　　幼兒姓名：Tina

關鍵字：CM ＝課程調整；ELO ＝嵌入式學習機會；CFIS ＝幼兒焦點行為的教學策略

	會用短句要求或表達意見	會用詞彙回饋事件或活動	能在轉銜活動有適當的回應	能夠與同儕分享或交換東西	能依物品的屬性來分類	能夠組合與拆卸物品	能夠自己穿脫衣服
到園			CM～使用圖卡				CFIS～反向連鎖
回顧		CM～使用圖卡					
計畫活動	CM～使用視覺圖示卡						
工作				CM～配對活動（同儕支持）	ELO～在娃娃角和積木角做分類	CM～用喜歡的活動來練習精細動作	
點心	CM～用喜歡的食物來誘發						
盥洗如廁							CFIS～反向連鎖
小組與團體活動時間	CM～用喜歡的素材來引導			CM～配對活動（同儕支持）	ELO～在小組時間計畫分類的活動		
離園							ELO～反覆練習

圖 4-5　Tina 的幼兒活動矩陣

教室活動矩陣

日期：01/17/02

教師姓名：Dolores 和 Maggie

關鍵字：CM ＝課程調整；ELO ＝嵌入式學習機會；CFIS ＝幼兒焦點行為的教學策略

	Tina	Tyrone	Ricky
到園	CM〜 使用圖卡	CFIS〜 確認姓名	CM〜 使用全日活動流程圖示卡
回顧	CM〜 使用字卡與圖卡	ELO〜 使用描述性文字	
計畫活動	CM〜 要求與表達意見		
工作	CM〜 與人分享；組合物品 ELO〜 分類物品	CM〜 與鄰近同儕玩；使用喜歡的素材	CM〜 使用活動流程圖示卡與時間表
點心	CM〜 要求；用喜歡的食物來誘發		
盥洗如廁	CFIS〜 反向連鎖		
小組與團體活動時間	CM〜 表達要求；與人分享 ELO〜 分類物品	ELO〜 使用描述性文字	
離園	ELO〜 脫下衣服		

圖 4-6　Tina、Tyrone 與 Ricky 的教室活動矩陣

幼兒活動矩陣

日期：01/17/02

教師姓名：Jennie　　　　幼兒姓名：Drew

關鍵字：CM ＝課程調整；ELO ＝嵌入式學習機會；CFIS ＝幼兒焦點行為的教學策略

	可以運用素材	可以跟從老師的指令	能在不同談話主題回應他人	能夠分享或交換物品	能夠表現五種新的遊戲技能	能夠回應一般的知識性問題
到園			ELO～ 給他最少的提示回應他人的對話			
團體活動時間						CM～ 自然的隱形支持（跟著喜歡的同儕做練習）
小組活動	CM～ 環境支持(如:用具擺放的調整)			CFIS～ 給予示範與區別性的增強	CFIS～ 給予示範與區別性的增強	
工作	CM～ 最喜歡的活動放在後面					
點心	CM～ 環境支持(如:餐具擺放的調整)					ELO～ 給他最少的提示回應他人的對話
戶外活動時間				ELO～ 給予區別性的增強（如:能與人分享或交換遊戲器具）		
銜接(轉換)活動		ELO～ 使用圖片視覺提示				
離園						

圖 4-7　Drew 的幼兒活動矩陣

●● 步驟 6：實施和評鑑計畫 ●●

計畫完成後需要至少一星期的試驗。如果計畫可行值得高興，但是計畫不奏效也不要輕言放棄，多一天嘗試可能會改變狀況。例如：花多一點時間和幼兒談談角落中的新玩具，新的彩色紙或是其他教室中的改變，讓幼兒對這些改變產生興趣和感覺特別。有些幼兒需要多一點的時間適應改變，當他們覺得自在時，才願意嘗試新的素材和活動。教學本是一個連續的觀察、評量、計畫和試驗的過程，幼兒學習成效是教學者最令人感到期待和喜悅的。

做什麼

試驗階段結束後，團隊成員可藉由回答「評鑑工作單」（Evaluation Worksheet）中的問題來評鑑成效：計畫之可行性？下個星期預定的工作為何？另外，建議專業團隊使用事件取樣法或時間取樣法來蒐集幼兒行為發生的頻率。同時，專業成員也可使用計次來記錄幼兒行為表現的事件，例如：記錄具體明確的動作，像是跳、扣鈕扣，或是要求多一點。筆記或札記的記錄則可提供更仔細的行為描述，例如：描述幼兒對玩具的接受和操作，對某些事情的堅持和興趣。蒐集幼兒的作品（如：圖畫、勞作）、錄音或錄影資料，連同作品紀錄意見，彙整成幼兒的學習檔案，這也是評量幼兒表現的另一種方法。專業人員的記錄都必須有清楚的日期，而評量資料的蒐集必須持續固定地進行。圖 4-8 是 Drew 的評鑑工作單示例。

●● 摘要 ●●

本章旨在介紹建構模式的實施步驟和內容，專業團隊透過合作和問題解決的方法，共同完成和執行計畫。熟練的運用須經過練習，而策略

	評鑑工作單	
日期：01/17/02 教師姓名：Jennie 幼兒姓名：Drew		
需要加強	計畫	評鑑資料（週評鑑）
會奪取鄰座幼兒的材料，以及需要大人投注很多的注意力。	Drew 能夠用自己的盤子與材料工作五分鐘。如果他做到了就給予讚美。	次數＿＿ 文字記錄 × 作品＿＿ 星期一～拿取 Molly 的膠水； 星期四～今天沒有奪取 此計畫可行嗎？ ⟨可以⟩ 不可以 下星期要做些什麼？ 繼續執行計畫，希望 Drew 能完全做到。
對自己喜歡的東西，會玩很久，但是拒絕嘗試其他的素材。	將四個學習角落用流程圖標示出來，並將火車和汽車放在最後一個學習角落，再用計時器，將前面三個學習角落的每一個區域所進行的時間定為七分鐘。	次數＿＿ 文字記錄 × 作品＿＿ 星期三～在感官桌三分鐘；在圖書角四分鐘；在美勞角六分鐘 此計畫可行嗎？ ⟨可以⟩ 不可以 （Drew 在美勞角表現得很好） 下星期要做些什麼？ 繼續執行計畫
在銜接（轉換）活動的時候，會發脾氣或跑來跑去。	在銜接（轉換）活動的時候，用圖卡視覺提示。必要時，再用些許肢體協助來提示。	次數 × 文字記錄＿＿ 作品＿＿ （將資料記錄在 Drew 的銜接活動圖表上） 此計畫可行嗎？ ⟨可以⟩ 不可以 下星期要做些什麼？ 繼續執行計畫

圖 4-8　Drew 的評鑑工作單

的運用（課程調整、嵌入式學習機會、焦點行為的教學策略）決定於幼兒和其目標，以及班級情境和課程。以下提示可為團隊討論教學和執行決定時的參考：

- 若是幼兒需要較少的協助，則運用課程調整。
- 若是幼兒需要較多的協助和指示，則運用焦點行為教學策略。
- 若是幼兒需要中等的協助程度，則可運用嵌入式學習。
- 若是初次的計畫試驗不理想，試著再做一次，不要輕易放棄。

教學策略

5
CHAPTER

課程調整

　　課程調整（curriculum modification）之目的是為了增進和提高幼兒參與程度，而改變教室活動或素材。幼兒在活動中參與程度的增加，以及和玩具、同儕的互動，是幼兒學習和發展的關鍵機會。

　　課程調整並不需要額外的資源，它應是容易執行的介入策略，但思考和計畫仍是不可或缺。事實上，許多老師在使用課程調整的策略時，並沒有意識自己所做即是所謂的課程調整。

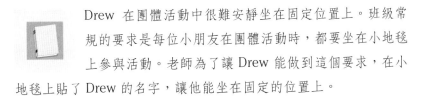 Drew 在團體活動中很難安靜坐在固定位置上。班級常規的要求是每位小朋友在團體活動時，都要坐在小地毯上參與活動。老師為了讓 Drew 能做到這個要求，在小地毯上貼了 Drew 的名字，讓他能坐在固定的位置上。

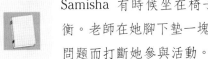 Samisha 有時候坐在椅子上時，不容易保持身體的平衡。老師在她腳下墊一塊大積木，讓她能不因身體平衡問題而打斷她參與活動。

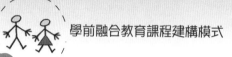

●●● 何時使用課程調整？ ●●●

　　當老師觀察到幼兒對活動表現出興趣，但是卻不能完全參與時，即是運用課程調整的時機。例如：幼兒看著其他幼兒玩遊戲，卻沒辦法加入；幼兒不能從頭到尾參與活動；有些幼兒可能會表達在活動中遇到困難。

●●● 課程調整的類型 ●●●

　　表 5-1 列舉八種類型的課程調整，並說明其定義和策略。其後的實例乃是蒐集自融合教育情境中的實務工作者（老師、治療師）的建議，讀者亦可依個人工作環境的情形而靈活運用策略。課程調整實例內容分別以二個面向呈現。第一個面向是依課程調整的類型呈現；第二個面向則是以幼兒學習環境中典型的活動和作息呈現（例如：美勞角、點心時間、感官知覺活動）。

　　當老師運用這些課程調整策略時，必須提醒自己，其目的是幫助幼兒參與活動。例如：幼兒參與活動的學習效果不臻理想，則應嘗試使用嵌入式學習或幼兒焦點行為教學策略。另外，評鑑課程調整的成效也必須貫徹執行，第 3 章中的「評鑑工作單」即是為此而設計。

表 5-1　課程調整之類型

調整類型	定義	策略
環境支持	調整物理、社會和當下環境，以增進參與和學習。	改變物理環境 改變社會環境 改變當下環境
素材的調整	調整素材讓幼兒盡可能獨立參與。	將素材或設備置於最佳位置（如高度） 改變素材尺寸 調整反應方式 將素材放大或使其更鮮明
活動簡化	將複雜的工作分為小部分或減少工作的步驟。	分為小部分 減少工作步驟 成功的結束活動
幼兒喜好	如果幼兒不能參與活動，將幼兒喜好的物品融入在活動中。	拿著喜歡的玩具 運用喜歡的活動 運用喜歡的人
特殊器材	運用特殊器材或輔具來增進幼兒參與的程度。	運用特殊器材以增加其使用的方便性 運用特殊器材以增加參與程度
成人支持	以成人介入的方法支持幼兒的參與和學習。	示範 加入幼兒的遊戲 運用讚美和鼓勵
同儕支持	利用同儕來幫助幼兒學習重要的目標。	示範 協助 讚美和鼓勵
隱性支持	在活動中刻意安排自然發生的事件。	依序輪流 在課程中依序安排活動

●●● 班級中的難題 ●●●

　　幼兒不能參與或不能成功地參與活動，很可能是受到其問題行為的影響，這些行為對老師而言會造成班級經營的困擾。接下來的內容即以教室環境為思考中心，加上課程調整的策略，引導幼兒學習合宜的行為，以幫助他們適應學習情境。

　　發展合宜的教學技巧可幫助幼兒學習適當的教室和社會行為，這些技巧稱之為結構性的支持（structural supports），因為應用這些技巧需要仔細的計畫，結構化環境、作息、活動和銜接時間，以達到幫助幼兒有效又愉快地參與和學習的目標。以下是結構化環境的基本原則：

1. 均衡提供以幼兒為引導和成人引導的活動，並提供讓幼兒選擇的機會。
2. 設計安全、清楚區隔的角落。老師應考量可以覽視全班的角落安排，讓幼兒清楚角落的區隔界限。
3. 角落中的素材安排有序，並適合幼兒操作使用，方便整理收拾。
4. 以幼兒發展的興趣和能力為考量，設計讓幼兒多元選擇和回應的活動。

結構化班級作息的原則如下：

1. 建立清楚而一致性的作息。作息表可以用圖示和文字並存呈現，張貼在幼兒容易看見的地方。
2. 建立班級團隊作息，提醒班級中成人工作和時間的分配。

結構化活動的原則如下：

1. 支持參與：運用多元方法引導幼兒參與和維持參與活動。
2. 持有高度期望：仔細的計畫和正向的態度，以及設計有趣和合宜挑戰幼兒能力的活動，可幫助老師引導所有幼兒參與和學習新的技能和概念。

3. 保持一致性：成人一致性的期望和回應能讓幼兒感到被信任和安全，並促進幼兒有效地學習。

4. 清楚的指示：小步驟的工作和指示有助幼兒跟隨老師的指示進行活動。

5. 真誠明確的回饋：對幼兒的表現和努力給予具體誠懇的回饋。

衡接時間通常很難結構化，對幼兒而言也常是不合宜行為發生的情境。以下四項建議提供老師結構化銜接時間參考：

1. 明確教導幼兒銜接時間的合宜行為。

2. 利用圖示加上口語指示，引導幼兒在銜接時間應有的行為表現。

3. 若有部分幼兒已準備就緒，老師可先開始進行活動，以活動來吸引其他幼兒加入，也可避免動作快的幼兒等待太久。

4. 對銜接時間的行為要求有學習困難的幼兒，老師可直接且有系統地進行教學，以幫助幼兒瞭解和具體表現班級常規的行為。

建立結構性的支持並不代表幼兒的行為問題不會發生。表 5-2 的內容提供老師參考問題行為發生時，可運用哪些課程調整策略，幫助幼兒將問題行為轉化成正向行為。有些幼兒是因為尚未學習到合宜的行為，因而有負面行為的表現，老師可使用嵌入式學習和幼兒焦點行為教學策略來引導和支持幼兒學習符合班級情境的行為。

表 5-2 對照班級中常遇到難題的方式

難 題	環境支持	素材的調整	活動簡化	幼兒喜好	特殊器材	成人支持	同儕支持	隱形支持
幼兒不主動參與大團體時間			×	×				
幼兒拒絕加入大團體時間				×		×		
幼兒在大團體時間會發脾氣	×		×					
幼兒在大團體時間不輪流說話	×							
幼兒不願意參與某些事或至學習區	×			×				
幼兒對於活動的轉換有困難	×			×				
幼兒不順從指令	×					×		
幼兒在教室奔跑	×							
幼兒會咬美勞素材	×	×				×	×	
幼兒會搶別人的東西	×							
幼兒會打人	×	×						
幼兒不專心	×							×
幼兒會喃喃自語發牢騷						×		
幼兒會頂嘴	×					×		
幼兒有自我刺激行為					×	×		
幼兒有自傷行為	×					×		
幼兒會咬人	×	×						×
幼兒在小組時間會搶別人的東西	×							
幼兒走路不穩	×		×		×			
幼兒下樓梯有困難				×	×		×	
幼兒維持活動有困難			×	×			×	
幼兒動作慢吞吞	×			×			×	

（續）

難　題	環境支持	素材的調整	活動簡化	幼兒喜好	特殊器材	成人支持	同儕支持	隱形支持
幼兒知道問題的答案或技能，但是不願意表現出來				×		×		
幼兒拒絕參與大團體活動			×	×				
幼兒與父母會有分離焦慮	×							
幼兒不願意持續坐在校車座位	×			×				×
幼兒在校車上不肯繫安全帶	×			×			×	
幼兒在校車會大聲尖叫	×							
幼兒在教室會大聲尖叫	×							
幼兒會欺負別人						×		
幼兒不願意接近同儕	×							
幼兒被同儕拒絕						×		×
幼兒會從座位跌下來	×				×			
幼兒在團討時間久坐有困難	×				×			
幼兒在團討時間會打擾別人				×				×
幼兒對於活動的開始與結束有困難	×		×	×				
幼兒洗手有困難		×						
幼兒尚無法用口語溝通（說話）		×						
幼兒會從教室跑出來	×							
幼兒會用手指拿東西吃					×			
幼兒對轉換活動的提示不願回應	×							
幼兒不願跟上教室的作息	×					×		
幼兒容易放棄			×	×		×	×	
幼兒用不適當的方式玩玩具							×	
幼兒的參與程度低			×	×				

（續）

難　題	環境支持	素材的調整	活動簡化	幼兒喜好	特殊器材	成人支持	同儕支持	隱形支持
幼兒所有的技巧低			×					×
幼兒排隊有困難	×							
幼兒不願意收拾	×		×	×				
幼兒容易過度興奮	×		×					
幼兒常容易發脾氣			×					
幼兒不願來到小組活動時間				×				
幼兒將不適當物品放入嘴中	×					×		

以類型為主的課程調整

　　第 5 章提供課程調整的教室實例。每一頁的內容包括調整類型的定義、一般性策略（亦即做些什麼），以及調整策略的應用時機。另外，每一頁的空白處可記下個人的想法。

環境支持

改變物理、社會與當時所處的環境，
使環境能提升、支持幼兒的活動參與和學習。

改變物理環境。

如果 幼兒直接從架子上拿下玩具，就在架子前面玩，阻礙其他幼兒的出入……

→ 在架子前面用膠帶圍成一個區域。提醒幼兒他們必須在膠帶區域的外面玩玩具。

如果 幼兒在個別活動工作或計畫時，他的手會去弄別人的東西……

→ 用盤子、盒蓋或餐墊提供幼兒一個個別的工作區。

如果 幼兒對於玩具和用品的放置有困難……

→ 運用圖片或符號在架子和容器上。用配對遊戲進行收拾工作。

你的想法：

_____

_____

_____

_____

_____

_____

_____

環境支持

改變物理、社會與當時所處的環境，
使環境能提升、支持幼兒的活動參與和學習。

改變社會環境。

如果 幼兒和同儕玩有困難……

→ 計畫一個小組合作的活動，並用素材來激發幼兒的參與動機，當幼兒參與一個有趣的活動，例如：壁畫、合作建構積木等等，這樣他就可以接近同儕一起玩。

如果 幼兒沒有玩伴時……

→ 每天在一個計畫性活動，例如：小組或團討時間，安排一個同儕坐在幼兒的旁邊，協助幼兒與同儕建立友誼。

如果 幼兒走路不穩定……

→ 在轉換活動時，安排幼兒握住夥伴的手。讓夥伴站在幼兒的一邊或兩邊，將使幼兒行走更穩定。

你的想法：

_____

_____

_____

_____

_____

_____

_____

_____

環境支持

改變物理、社會與當時所處的環境，
使環境能提升、支持幼兒的活動參與和學習。

改變當時所處環境。

如果 幼兒在自由活動時間不參與學習角落……

→ 為幼兒創立一個圖像作息，這個圖像作息有圖片或符號來代表不同的學習角落，並將它組成一個確定的順序（例如：第一個是美勞角，第二個是扮演角，第三個是積木角）。
幼兒將被教導要去參照自己每一時間的流程，讓幼兒知道他必須先在一個學習角落完成一個活動或遊戲，他才能得到他想要的。

如果 幼兒在轉換活動有困難……

→ 在轉換活動之前，提供幼兒一個代表該學習角落或活動的圖片或物品，這樣幼兒就可以銜接到下一個活動。幼兒甚至可以帶著圖片或物品至下一個學習角落。

如果 幼兒很快地吃完點心，但是無法在點心桌等待下一個活動……

→ 在點心時間後開放一個或兩個安靜的學習角落（例如：圖書角、電腦角），當幼兒吃完點心時就可以離開點心桌。

你的想法：

_____

_____

_____

_____

素材的調整

調整或改變素材，
使幼兒能夠在最大條件的獨立下參與活動。

為幼兒將素材做最佳層次的安排。

如果 吃完點心，幼兒必須把手伸高將碟子和器具放到廚房的流理枱……

→ 在幼兒的椅子或凳子上擺放塑膠洗滌盤，讓幼兒可以收拾整理。

如果 幼兒站立有困難，因此使用畫架會有問題……

→ 降低畫架的高度或是購買或製作一個桌上型的畫架。

如果 幼兒的腳無法踩到三輪車或是大輪子的踩踏板……

→ 用膠帶將木頭積木貼在踩踏板上。

你的想法：

_____

_____

_____

_____

_____

_____

_____

_____

_____

素材的調整

調整或改變素材，
使幼兒能夠在最大條件的獨立下參與活動。

用膠帶、魔鬼黏、背面止滑等等將素材固定。

如果 幼兒移動手臂，就會把圖畫紙滑到桌子外面……

→ 用膠帶將紙張黏貼在桌子上。

如果 幼兒用一隻手握拿玩具有困難，所以當幼兒試著操作它們時，玩具（例如：玩偶箱、鐵鎚玩具）常會倒下來……

→ 用螺絲釘或魔鬼黏固定在玩具堅硬的表面。

如果 在教室幼兒常從木頭椅子滑下來……

→ 用一段腳踏墊或止滑墊固定在座位上。

你的想法：

素材的調整

調整或改變素材，
使幼兒能夠在最大條件的獨立下參與活動。

如果在使用玩具所表現的技能或反應，
對幼兒而言太難了，那麼就要調整素材對幼兒的反
應。

如果　幼兒在書本的翻頁上有困難⋯⋯

→ 黏貼一小片的泡棉膠在每一頁的書角，這樣可以使每一頁容
易區分，而且也較容易翻頁。

如果　幼兒不願選擇到美勞角，因為黏貼的動作對他們來說仍是太難
了⋯⋯

→ 在撕貼作品或色紙貼上雙面膠帶，讓幼兒將東西黏貼在紙上
（在其他時間做黏貼工作）。

如果　幼兒很難抓握麥克筆和水彩筆⋯⋯

→ 用泡棉膠包在麥克筆和水彩筆上，可以讓它們更容易握拿。

你的想法：

_____

_____

_____

_____

_____

_____

素材的調整

調整或改變素材，

使幼兒能夠在最大條件的獨立下參與活動。

讓素材變得更大或色彩更鮮明，
以吸引幼兒的注意力或興趣。

如果 對於美勞活動的拼貼畫或是其他要用到紙的活動，幼兒都沒什麼興趣……

→ 在拼貼盒上用一些特別的紙或亮晶晶有光澤的紙來吸引幼兒的注意。

如果 在大團體時間，幼兒對於故事書沒有什麼興趣……

→ 使用大書本或大插圖或畫圖來吸引幼兒的注意。

如果 幼兒有視覺障礙，對於物品或圖片的注視有困難……

→ 使用放大且不凌亂的圖片和書本。在視覺圖像上使用對比鮮明的色彩。

你的想法：

_____

_____

_____

_____

_____

_____

_____

活動簡化

簡化一個複雜的工作，細分成小部分，
或是減少完成工作的步驟。

將工作或活動分成細小、更多容易處理的部分。

如果 當在操作玩具時（例如：拼圖、串珠），幼兒很容易被一片片的玩具分心，並常會拿來敲打，或是把它們撒落，而不是將它們拼串一起……

→ 拿給幼兒一片或一次一個。
　再逐漸增加玩具的片數。

如果 幼兒會被一些烹飪、雕塑活動以及桌上遊戲所困惑，而且在這些活動中他們很少能成功……

→ 將活動細分成幾個步驟。清楚描述每個活動步驟，或用圖畫呈現讓活動步驟更加清楚。

如果 幼兒入園時，從汽車或校車下車要走很長一段路到教室，因此幼兒常慢吞吞或抱怨不要上學，有時還會停下來不走或跌倒在地上……

→ 在幼兒經過的路上擺放照片、海報，或是一些幼兒有興趣的東西，讓他們可以邊看邊往前走。鼓勵幼兒往前走到下一個地點；獎勵他們。直接要幼兒走到下一個地點等等。

你的想法：

_____

_____

_____

活動簡化

簡化一個複雜的工作，細分成小部分，
或是減少完成工作的步驟。

改變或減少工作步驟。

如果 幼兒必須將手往上越過水槽去按壓在牆上的給皂機，因為給皂機的距離幼兒幾乎無法觸及，需要踮起腳尖……
→ 將洗手乳裝在頂部有按壓的塑膠瓶內當做給皂機。
把吸管杯放置在角落或貼在水槽。

如果 幼兒對於需要多種步驟的雕塑活動有困難……
→ 在心中將個別幼兒在雕塑活動可以完成的步驟做預備。
有些幼兒可以完成全部工作。有些幼兒須先幫他完成開始的工作；讓他們完成其中一些步驟。

如果 幼兒在娃娃家總是玩重複性高的東西，很少參與多種步驟的扮演……
→ 將扮演的情境用三至四個步驟做成圖片（例如：將鍋子放在爐子上，攪拌，然後放到桌上）。用圖片讓幼兒跟著步驟完成活動，以幫助幼兒延長他們玩的過程。

你的想法：

_____
_____
_____
_____

活動簡化

簡化一個複雜的工作，細分成小部分，
或是減少完成工作的步驟。

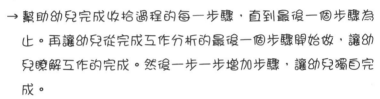

把複雜的工作分析成幾個部分，
幼兒只要完成其中一部分即成功。

如果 點心後，當幼兒嘗試分類餐墊、盤子、廢紙和碎屑，但總是混
淆弄不清楚……

→ 幫助幼兒完成收拾過程的每一步驟，直到最後一個步驟為
止。再讓幼兒從完成工作分析的最後一個步驟開始做，讓幼
兒瞭解工作的完成。然後一步一步增加步驟，讓幼兒獨自完
成。

如果 幼兒對於洗手和擦乾手有困難……

→ 幫助幼兒完成每一步驟，直到最後一個步驟為止。再讓幼兒
從完成工作分析的最後一個步驟開始做，讓幼兒瞭解工作的
完成。然後一步一步增加步驟，讓幼兒獨自完成。

如果 幼兒騎三輪車有困難……

→ 幫助幼兒把他們的腳放在踩踏板上，並幫他們不用出力踩下
第一步。再讓幼兒自己完成踩到底的最後一步。

你的想法：

幼兒喜好

如果幼兒對於環境中的各種學習活動沒有興趣時，
就要找出他有興趣的東西，並整合到活動中。

讓幼兒在活動中抱一個他喜歡的無聲玩具。

如果 幼兒會急躁不安並試圖離開大團體活動的團討時間……

→讓幼兒抱一個他喜歡的無聲玩具（例如：泰迪熊、邦尼）。
在團討時間開始的時候給幼兒玩具。

如果 幼兒從一個學習角落或活動轉換到下一個有困難時……

→允許幼兒帶一個喜歡的玩具從一個活動轉換到下一個活動。

如果 午睡時間，幼兒不願意留在自己的睡墊上睡覺……

→讓幼兒抱一個他喜歡的無聲玩具或是一本喜歡的書。

你的想法：

_____

_____

_____

_____

_____

_____

_____

_____

幼兒喜好

如果幼兒對於環境中的各種學習活動沒有興趣時，
就要找出他有興趣的東西，並整合到活動中。

結合幼兒喜歡的活動或玩具，放入一個特定的學習角落或活動裡。

如果 幼兒沒有準備好要進入團討時間或另一個活動……

→ 在大團體活動開始時，安排一個幼兒喜歡的活動，例如：吹泡泡或幼兒喜歡的兒歌。

如果 幼兒很難專注於閱讀圖書、圖畫或在桌上進行的活動……

→ 結合幼兒喜歡的東西放進去當成合適的活動。

例如：如果幼兒喜歡洋娃娃，就運用產品目錄上洋娃娃的圖片，然後把圖片剪下來做成樂透的數字牌遊戲。

如果 幼兒有困難參與新的活動、學習角落或是堅持固定在一個活動玩（例如：一再重複玩相同活動）……

→ 結合幼兒喜歡的玩具放到學習角落或活動裡。例如：如果幼兒喜歡火車，而且從未到過扮演角去玩，那麼就在扮演角建構一火車站，或建構一個速食餐廳，並用玩具火車當成來用兒童餐的獎品。

你的想法：

_____

_____

_____

_____

幼兒喜好

如果幼兒對於環境中的各種學習活動沒有興趣時，
就要找出他有興趣的東西，並整合到活動中。

結合幼兒喜歡的人到一個
特定的學習角落或活動裡。

如果 幼兒不喜歡參與教室某個學習角落。例如：幼兒很少、未曾到
過圖書角／寫字角……

→ 指派一個幼兒喜歡的人到這個學習角落。

如果 戶外活動結束了，幼兒不願意回到教室……

→ 當戶外活動時間結束時，透過幼兒喜歡的人告訴他，請他回
到教室，並告訴幼兒將在教室再次看到他。

如果 幼兒不喜歡待在大團體活動或團討時間……

→ 請幼兒喜歡的人來帶領他參與團討時間的活動。
並請他喜歡的人來介紹這個活動，讓幼兒能專注於活動。

你的想法：

_____

_____

_____

_____

_____

_____

_____

特殊器材

運用特殊器材或輔具,使幼兒能夠參與活動或是增加幼兒的參與度。
包括和商業所使用的治療器材一樣的自製器材或輔具在內。

運用特殊器材增加幼兒進出活動和遊戲區。

如果 從教室到戶外遊樂場需要走一段路,而幼兒尚無法用助行器行走這麼長距離到戶外遊樂場,那他就沒有時間玩遊樂場……

→ 讓幼兒坐在大的手推車裡,請別人帶他到遊樂場(確認幼兒在一天中其他時間有充分練習獨自行走的機會)。

如果 幼兒使用輪椅或助行器,沒有足夠空間靠近感官角參與活動……

→ 有幾種可行性:如果感官角夠堅固,可以讓幼兒坐在桌上玩;如果桌腳可以拆掉,就把拆掉桌腳的桌子放在地板上,讓幼兒坐在地板上可以更接近桌子參與活動。

可以考慮給幼兒一張由塑膠箱製成的個別感官角,它能夠放在幼兒的腿上、桌上或地板上。

你的想法:

_____

_____

_____

_____

_____

_____

特殊器材

運用特殊器材或輔具,使幼兒能夠參與活動或是增加幼兒的參與度。
包括和商業所使用的治療器材一樣的自製器材或輔具在內。

運用特殊器材增加活動的參與度。

如果 幼兒手的力量沒辦法使用剪刀……

→ 運用母子剪刀或輔具剪刀,讓幼兒在使用時手不用那麼費
力。

如果 幼兒的坐姿不平衡沒辦法全神貫注參與活動,坐在椅子時,往
往要花很多的力氣和精神來維持坐姿,所以,只能用一點點精
力來玩玩具或著色或畫圖……

→ 確認幼兒的椅子兩邊有扶手。如果幼兒的腳無法放在地板
上,可以用紙箱或積木做成腳凳,讓幼兒的腳放在上面。

如果 地板活動時,幼兒坐在輔助椅或輪椅上的水平高度,就無法和
其他幼兒一樣……

→ 讓幼兒坐在懶骨頭椅子或高度較低的立方椅,這樣他們就可
以在地板上和其他幼兒參與活動。

你的想法:

成人支持

在活動或日常工作中，
用成人的介入來支持幼兒的參與及學習。

提供示範或其他玩的方式，來延伸幼兒玩的過程或行為表現。

如果 幼兒一再重複玩同樣的東西而不改變，例如：幼兒坐在沙桌上，只是不斷地將沙倒出來再裝進去，似乎不去注意觀察遊戲的因果關係……

→ 老師示範另一個倒沙和裝沙的玩法，但只將幼兒當時的玩法做少許改變。例如：拿一個容器將沙從高處倒下來，或是將沙透過漏斗或短筒子倒出來。

如果 在積木角的主題裡，老師提供了道具、線索，但幼兒都不參與老師所提供道具線索的活動……

→ 將這些由積木所佈置的道具、線索拍成照片，再將這些照片放在積木角，偶爾可以吸引幼兒們去注意它們。

如果 玩黏土時，幼兒只會拍打和刺戳，而不使用任何的工具……

→ 拿一個像滾筒積木的簡單工具，用它們來示範拍打和刺戳的方法。

你的想法：

_____

_____

_____

_____

成人支持

在活動或日常工作中，
用成人的介入來支持幼兒的參與及學習。

> 加入幼兒的遊戲。因為在那兒，你可以表現你的關
> 注，並藉由你的在場和說明帶給幼兒鼓勵。

如果 幼兒到扮演角只在一邊看別的幼兒玩，但不做其他的事……

→ 到扮演角先觀察是什麼東西吸引幼兒的注意，再用那樣東西吸引他的加入。如果是帽子，就試著戴上帽子；如果是洋娃娃，就抱一個洋娃娃走向幼兒。

如果 幼兒太熱烈參與但經常失去控制……

→ 和這個幼兒到同一個遊戲區，示範要如何玩才是適當的方式。
請幼兒試著放慢速度、轉向，或是在幼兒熱烈行為擴大之前，給予一個禮貌碰觸的提醒。

如果 幼兒很容易在通往遊樂場或廁所途中的走廊奔跑……

→ 老師的位置就在幼兒附近，當幼兒要出現奔跑時，要求幼兒握住你的手或詢問幼兒一個問題。

你的想法：

_____

_____

_____

_____

_____

成人支持

在活動或日常工作中，
用成人的介入來支持幼兒的參與及學習。

用讚美和鼓勵的方式，幫助幼兒在活動或日常工作的持續度與參與度。

如果 幼兒拿著書亂翻沒有在看書，一下子又拿著另一本書到圖書角的角落，並且一再反覆地做……

→ 先肯定幼兒到圖書角，再問幼兒是否可以給你看使用這本書的另一種方式，或是你願意示範另一種閱讀方式，請幼兒一起仿做。

如果 幼兒經常會逃避收拾工作，然後馬上跑到下一個活動……

→ 在快要準備開始收拾時靠近幼兒，然後叫他的名字，並唱收拾的歌與他一起收拾。

如果 幼兒對於唱遊或其他音樂活動不主動參與……

→ 給幼兒一個溫柔又期待的眼神。無論幼兒表演動作或唱歌，都要給幼兒肯定的眼神與微笑。

你的想法：

_____

_____

_____

_____

_____

_____

同儕支持

運用同儕的支持，
來幫助幼兒學習重要的目標。

由同儕示範參與活動的方式。

如果 幼兒不知道要如何從電腦選單去選擇活動或遊戲……

→ 讓一個較熟悉電腦操作的同儕和幼兒在一組，並請這個同儕
操作給幼兒看要如何從電腦選單去選擇活動。

如果 點心時間，幼兒要如何從點心歌中學習吃點心……

→ 確認幼兒坐在點心桌，並讓能夠唱完整點心歌的同儕和幼兒
坐在一起。

如果 幼兒看到兩個小朋友正在玩新的玩具，而幼兒對這個玩具很有
興趣，也很想和這兩個小朋友一起玩……

→ 請這兩個小朋友邀請幼兒加入他們的遊戲，並展示給幼兒看
要如何玩這個玩具。

你的想法：

同儕支持

運用同儕的支持，
來幫助幼兒學習重要的目標。

讓可以當小幫手的同儕和幼兒一組。

如果 在轉換活動要到戶外遊樂場時，幼兒不知道什麼時候也不知道要在哪裡排隊……

→ 讓較熟悉活動流程並遵從指示的同儕和幼兒在一組。當要排隊時，請這些同儕去找出他們的夥伴，並牽著夥伴的手。

如果 在感官角收拾時，幼兒對於將蓋子拿起來和放回去有困難……

→ 請其他同儕幫忙。讓收拾成為一種合作性的工作。

如果 幼兒對於將顏料塗在海綿上壓印有困難……

→ 請其他同儕幫忙將顏料塗在海綿上，然後再讓幼兒將它壓印在紙上。

你的想法：

同儕支持

運用同儕的支持，
來幫助幼兒學習重要的目標。

讓同儕成為讚美和鼓勵者。

如果 在點心時間，幼兒正學習用文字或符號去要求食物的項目……

→ 請另一個同儕拿著要吃的食物（例如：一盤切片的柳橙）。那麼，幼兒必須去向這位同儕要求吃柳橙，而不是向大人要求。這可能是點心習慣一個美好的改變：給一個幼兒一盤水果，另一個幼兒一籃薄片餅乾，而給另一個幼兒一壺果汁，因此每一個人都必須向同儕要求要吃的食物。

如果 幼兒對於桌上玩的玩具（例如：樂高、拼圖或串珠）有困難，而且很容易放棄……

→ 讓幼兒和一個有趣又愛說話的同學在一組。給他們一組配對的玩具，那他們就必須在一起玩。

如果 在遊樂場幼兒總是一個人玩……

→ 找一個有趣又隨和的同儕成為幼兒的玩伴。請這個幼兒和其他幼兒玩「跟隨領袖」的遊戲。那麼他們就可以輪流當領袖。

你的想法：

_____

_____

_____

_____

隱形支持

有目的性地安排某些在活動中自然發生的事件。

按照順序的輪流方式來提升幼兒的參與。

如果 在烹飪活動時，幼兒沒力氣攪拌或一匙一匙挖……
→ 讓幼兒排在其他已經攪拌一些些的同儕後面，或是排在已經加入液體攪拌的同儕後面。如果幼兒會把冰淇淋挖到外面，就等冰淇淋已經融化一些再讓幼兒輪流去挖吧。

如果 在團體活動，幼兒不願意發表……
→ 請幼兒跟在一個善於發表的同儕後面，這樣可以給幼兒一些點子。

如果 幼兒正學習從水壺倒水……
→ 讓其他同儕先倒水，這樣水壺的水就不會太多，再輪到幼兒去倒水。

你的想法：

_____

_____

_____

_____

_____

_____

_____

_____

隱形支持

有目的性地安排某些在活動中自然發生的事件。

在活動或學習中心有系統地安排活動。

如果 幼兒在粗大動作技能方面需要更多的練習，例如：在平衡木上
行走……

→ 結合這個動作技能讓幼兒在有障礙物的路面上練習行走。幼
兒完成較困難的動作技能之後，放一個受幼兒歡迎又有趣或
有聲音的東西。例如：當他們沿著平衡木走完之後，幼兒們
可以敲一下銅鑼。

如果 幼兒正在做配對……

→ 在進行撕貼畫的美勞活動時，給幼兒一些紙張進行配對，當
他完成配對的項目後，他就可以做撕貼畫。

如果 幼兒需要學習留在團討時間……

→ 在團討活動時，安排動態活動（例如：唱遊動作）和靜態活
活動（例如：聽故事）兩種活動交替進行，以增加活動的吸
引力。

你的想法：

_____

_____

_____

_____

_____

以活動和作息為主的課程調整

假如班級中有幼兒參與某些角落或作息活動有困難，則可運用以下課程調整的策略。

第一部分先介紹以角落為主的課程調整策略：

1. 美勞角：美勞角的情境和素材提供幼兒探索、創作的機會，也讓幼兒有單獨工作和合作的機會。

2. 積木角：建構積木能增進幼兒認知和動作發展，在建構情境中加以引導和提示，能延伸幼兒在積木角的遊戲內容和方式。

3. 扮演角：運用幼兒熟悉的素材引導幼兒扮演遊戲的發展。

4. 感官知覺角：沙、水、葉子等感官素材提供幼兒多元的感官經驗，也讓幼兒有機會觀察和使用不同的工具。

5. 圖書角：圖書角中除了圖書外，老師也可配合聽角和書寫角的素材，例如：錄音機、錄音帶、法蘭絨板、玩偶、筆和紙。

6. 電腦角：電腦角中軟體的內容須以幼兒發展和能力為選擇標準，除了個別操作外，老師也可安排一對或小組的電腦遊戲活動。

7. 操作角：操作角的素材以拼圖、桌上遊戲、小件組合玩具為主，

幼兒可以在桌面上或地板上玩這些素材。幼兒單獨玩或小組進行
這些遊戲，都是很好的學習機會。

第二部分的內容是以計畫性活動為主的課程調整策略：

1. 團體活動時間：團體活動能幫助幼兒建立歸屬感，也需要幼兒較
　多的參與。老師須留意團體活動必須對幼兒有意義，也須以幼兒
　的發展階段設計活動時間。

2. 小組活動：小組活動通常是成人設計的活動，其學習須事先計
　畫。幼兒在老師引導下學習新技能和概念。

3. 烹飪活動：幼兒從活動中可學習食物的準備、處理，以及健康和
　營養概念。

4. 戶外活動時間：戶外活動也可結合和延伸教室內的活動，擴充幼
　兒的學習經驗。

5. 音樂和律動：老師可將音樂和律動設計為團體活動，或是自由選
　擇活動，也可以是固定作息中的一項活動。

本書中的銜接活動包括到園、離園、活動間的銜接時間、收拾、點
心和用餐時間、如廁和午休。

美勞角

環境支持

改變物理、社會與當時所處的環境，
使環境能提升、支持幼兒的活動參與和學習。

如果 幼兒會弄亂別人的作品或是抓取同儕的東西……

→ 提供一個實體的範圍讓幼兒可以在紙盒或塑膠托盤上做美勞作品。

如果 幼兒會吃美勞素材……

→ 使用大的美勞素材，例如：用大的海綿來塗色而不用水彩筆，將所有的美勞素材放在有蓋子的大箱子，並且在上面有不可吞食的標誌。

素材的調整

調整或改變素材，
使幼兒能夠在最大條件的獨立下參與活動。

如果 幼兒站在畫架前畫圖維持身體平衡有困難……

→ 把畫架的腳鋸短（或降低它們的高度）並把畫架放在桌上，當幼兒畫圖的時候能坐下來。

如果 幼兒對於握拿海綿有困難或是不喜歡弄髒亂……

→ 將一個空的軟片罐黏貼在海綿上，這樣幼兒就能抓握罐子而不是抓握海綿。

如果 當用吸管吹畫時，幼兒會直接吸肥皂泡沫而不是把泡沫吹出去……

→ 在靠近吸管頂端的地方剪一個小缺口，這樣可防止幼兒直接吸進泡沫。

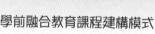

活動簡化

簡化一個複雜的工作，細分成小部分，
或是減少完成工作的步驟。

如果 幼兒對水彩畫感到害怕或挫折……

→ 將流程分成幾個步驟。把每一個步驟的說明用清楚的單字來
描述：「水、顏料、紙」。並將每個步驟用圖片來呈現，使
它們可以更清楚。

如果 幼兒對於需要很多技能的美勞或雕塑活動感到挫折（例如：剪
貼、塗色、刻印名字）……

→ 先幫忙完成部分步驟，這樣幼兒只需要操作一種技能，就能
夠成功地完成。
例如：有一個活動需要幼兒雕塑一間房子，並寫上名字和塗
顏色。就提供一間雕塑好的房子，並且已寫上名字在上面，
這樣幼兒只要塗上顏色就能完成活動。

幼兒喜好

如果幼兒對於環境中的各種學習活動沒有興趣時，
就要找出他有興趣的東西，並整合到活動中。

如果 幼兒不想玩或是只想待在美勞角……

→ 整合一個幼兒喜歡的項目、活動或人物進來這個角落。例
如：如果幼兒喜歡玩汽車和卡車，就放一些舊的汽車和卡車
在美勞角。讓幼兒們一邊開著車子玩，一邊塗色，或是讓幼
兒直接畫在車子上。

如果 幼兒不選擇美勞角……

→ 讓幼兒與喜歡的同儕配成一組，並讓他們一起到美勞角。

成人支持

在活動或日常工作中，
用成人的介入來支持幼兒的參與及學習。

如果 幼兒不確定在美勞角要做什麼……

→ 大人可以說明其他幼兒正在做什麼，就像體育主播一樣：
「現在Jose正把他的刷子放進棕色的顏料裡，而且他正畫
一個大圓在他的紙上。」

如果 幼兒一再反覆相同動作，像用麥克筆反覆敲打桌子……

→ 當設計幼兒的活動時，大人應該要示範如何用其他方式來做
美勞。
例如：大人可以用麥克筆來畫圖形，或是在兩點之間畫一條
線。

同儕支持

運用同儕的支持，
來幫助幼兒學習重要的目標。

如果 當幼兒到美勞角時他不確定要做什麼……

→ 確認幼兒到美勞角時，也有其他幼兒在那裡，他們可以提供
使用素材方式的示範。

如果 幼兒不想和同儕接近……

→ 計畫一個合作性的活動，並且能夠刺激幼兒使用這些素材
（例如：水槍噴畫、泡泡畫、食物顏料），但是參與活動時
需要和同儕維持互動。
這樣可以增加幼兒學習的機會，去觀摩同儕用適當方式來使
用這些素材。

隱形支持

有目的性地安排某些在活動中自然發生的事件。

如果 幼兒不確定要如何完成或加入一個美勞活動……

→用依序輪流的方式，這樣可以讓另一個幼兒示範如何開始活動，並讓這個示範的幼兒從第一個開始輪流。

如果 幼兒對於美勞活動後的清理乾淨有困難……

→限制活動轉換的次數，讓幼兒在點心前才去做美勞活動，這樣幼兒只需要洗一次手。

你的想法：

_____

_____

_____

_____

_____

_____

_____

_____

_____

_____

_____

_____

_____

積木角

環境支持

改變物理、社會與當時所處的環境，
使環境能提升、支持幼兒的活動參與和學習。

如果 幼兒將積木撒落在教室……

→ 用地毯或色彩鮮明的彩色膠帶來建立積木角的範圍。

如果 幼兒在積木角不確定要做什麼或是不知道進行玩積木的技能
……

→ 在積木角附近展示像建構積木的藍圖或是簡單積木的建構照
片。

素材的調整

調整或改變素材，
使幼兒能夠在最大條件的獨立下參與活動。

如果 幼兒因力氣不足，對於玩木頭積木有困難……

→ 放進一些厚紙板積木。這些積木可以用牛奶盒和其他相關的
紙蓋子來製作。

如果 幼兒因身體的缺陷，對於坐在地板上建構積木有困難……

→ 在積木角放一張桌子。讓幼兒靠站在桌子或是坐在一張改裝
的椅子上。

幼兒喜好

如果幼兒對於環境中的各種學習活動沒有興趣時，
就要找出他有興趣的東西，並整合到活動中。

如果 幼兒不想玩或長時間待在積木角……

→ 整合一個幼兒喜歡的東西、活動、人物。例如：如果幼兒喜歡動物，就放一些動物的道具在積木角；如果幼兒喜歡敲擊東西，就擺放工作枱和玩具敲槌在積木角。

成人支持

在活動或日常工作中，
用成人的介入來支持幼兒的參與及學習。

如果 所有幼兒企圖嘗試建構的東西倒了或是散開，讓幼兒感到挫折……

→ 加入他們的遊戲。把積木一個一個拿給幼兒，以減緩幼兒的建構速度。

如果 幼兒在積木角玩車子和積木，並重複把聚集的積木弄倒發出轟隆的大聲音，就像車子的引擎……

→ 拿幾個積木來鋪造道路。再放一部車子在這條「道路」上，並模仿車子沿著道路行進時的引擎聲。幫忙幼兒拿更多的積木來加長道路，讓幼兒拿著自己的車子放在道路上並模仿車子前進的引擎聲。

如果 有一群幼兒在積木角玩積木，其中有些幼兒太興奮了，會出現推和丟的情形……

→ 當幼兒們在玩的時候加入他們的遊戲，並給予意見和眼神的關注。這樣能幫助預防一些問題的發生。

同儕支持

運用同儕的支持，
來幫助幼兒學習重要的目標。

如果 幼兒試著用連結組合的積木來建構一座塔，卻不知道要如何把
這些積木固定在位置上，就會感到挫折並且開始亂丟積木⋯⋯
→ 詢問在同一角落玩的另一個幼兒，請他示範如何將這些積木
放在正確的位置，這樣就可以讓積木組合鎖在一起。

如果 幼兒只是在積木角把積木移來移去，但對於建構東西有困難
⋯⋯
→ 把喜歡玩積木的幼兒編在一組。當他們建構相同的東西時，
鼓勵他們輪流玩。

你的想法：

扮演角

環境支持

改變物理、社會與當時所處的環境，
使環境能提升、支持幼兒的活動參與和學習。

如果 幼兒玩得太瘋而不願加入扮演……

→ 限制在扮演角的物品數量，而且只放一些你知道幼兒可以成
功去玩的東西。但是你可以在隨後愈加愈多。

如果 幼兒不願意參加社會性扮演的遊戲……

→ 提供幼兒一個扮演的劇本。這個劇本可以使用照片或插圖。
在這個劇本構想裡，可以設計二至三個角色劇情，讓幼兒可
以連續加入扮演。例如：(1)拿一個鍋子；(2)把鍋子放到爐子
上面；(3)然後將鍋子放到桌上並說：「晚餐好了！」

如果 幼兒堅持於一個角色劇情的扮演或是在劇情中造成混亂……

→ 在團討時間和小組活動時間，使用扮演角的東西來教導幼兒
如何用新的方式來扮演。這對於角色劇情經常混亂的幼兒而
言，能提供一個扮演的方向和架構，並且可以擴展成一個幼
兒扮演技巧的節目。

素材的調整

調整或改變素材，
使幼兒能夠在最大條件的獨立下參與活動。

如果 幼兒使用助行器或是輪椅……

→確定這裡有足夠空間可讓幼兒移動改變位置。你自己要先試試看。在這角落你需要兩張桌子並以不同的高度來試。

如果 幼兒對於抓握或操作工具有困難……

→在娃娃家放置一些容易抓握的湯匙、叉子和握柄。用海綿或膠布纏繞在握柄上。大尺寸的用具會比兒童尺寸的用具讓幼兒更容易握拿。

如果 幼兒對於綁緊衣服有困難……

→確定幼兒要穿的衣服是否容易穿脫。用魔鬼黏來調整位置。包含一些簡單容易穿用的物品，像帽子、太陽眼鏡或是皮包。

幼兒喜好

如果幼兒對於環境中的各種學習活動沒有興趣時，
就要找出他有興趣的東西，並整合到活動中。

如果 幼兒不想玩或長時間待在扮演角……

→設計一個能反映幼兒興趣的道具箱子。例如：如果幼兒喜歡火車，就在扮演角創設一個火車站，並設有票亭、地圖和厚紙盒火車。

如果 幼兒不想玩或長時間待在扮演角……

→整合幼兒喜歡的玩具、活動或人。例如：如果幼兒喜歡黃色，就在扮演角放置一些黃色的衣物、黃色的碟子等等。

成人支持

在活動或日常工作中，
用成人的介入來支持幼兒的參與及學習。

如果 幼兒正學習說話技能，他在扮演角和茶具玩扮演，他假裝倒茶到自己的杯子並喝下……
→ 把洋娃娃放到桌上。假裝洋娃娃是客人，請洋娃娃喝茶，然後開始和洋娃娃聊天。

如果 幼兒在扮演角只是進進出出，卻不曾專注在一件事情上時……
→ 加入這個幼兒的活動。觀察他在看或做什麼。不管是做相同的事或是多麼簡單的事。然後慢慢地輪流和延伸幼兒的遊戲。例如：如果幼兒看鏡子，那你也看鏡子並說一些話。

同儕支持

運用同儕的支持，
來幫助幼兒學習重要的目標。

如果 幼兒們正在清洗扮演角的洋娃娃，有一個幼兒也想洗洋娃娃，但是他對於如何脫掉洋娃娃身上的小衣服有困難……
→ 請另一個幼兒幫他脫掉洋娃娃的衣服，這樣幼兒就可以享受清洗洋娃娃的樂趣。

如果 幼兒很想去扮演角玩，但是他似乎經常卡在不會幫洋娃娃穿衣服、鞋子……
→ 邀請更多年長的同儕到扮演角。他們可以教幼兒要如何幫洋娃娃穿戴衣物（例如：帽子、皮包），以及其他要怎麼和洋娃娃玩的方式（例如：和洋娃娃說話、帶洋娃娃散步、給洋娃娃喝茶）。

如果　幼兒不常選擇到扮演角玩……
→ 幫他找一個喜歡到扮演角的同儕配成一組。請這個同儕帶這個幼兒到扮演角去玩一會兒。

 # 隱形支持

有目的性地安排某些在活動中自然發生的事件。

如果　幼兒對於娃娃家失去興趣或者總是做相同的一件事……
→ 逐步和自然地增加一些道具。例如：在娃娃家增加一個手提箱，再放一些衣服的新物品在裡面。

如果　幼兒對於娃娃家失去興趣或者總是做相同的一件事……
→ 逐步和自然地增加並整合一些有趣的東西。例如：保持娃娃家原有的東西，但加入一個大的冰箱盒子，可以拿來當作車子進出這個房子。

你的想法：

_____

_____

_____

_____

_____

_____

_____

_____

感官角

環境支持

改變物理、社會與當時所處的環境，
使環境能提升、支持幼兒的活動參與和學習。

如果 幼兒不喜歡弄髒或是把手弄髒……
→ 提供一雙幼兒尺寸的手套，那樣當幼兒在這個角落玩的時候
就能戴上。

如果 幼兒對感官角失去興趣或是不想待在感官角……
→ 每星期在桌上放置新奇的東西，或是把幼兒喜歡的小玩具藏
起來讓幼兒們去找。

如果 在感官角玩的過程幼兒總是弄溼或弄髒……
→ 在感官角準備工作服，這樣當幼兒進入這角落時就可以穿上
它，而不須再離開這裡去拿取工作服然後回來。這樣同時也
可以限制幼兒們進出這個角落的人數。

素材的調整

調整或改變素材，
使幼兒能夠在最大條件的獨立下參與活動。

如果 幼兒對於物品的抓握有困難……
→ 提供容易抓握的工具，例如：鏟子、勺子、湯匙或是鉗子。
如果需要，還可以加上海綿或貼布的握把。

如果　幼兒使用助行器或輪椅，並且要靠近桌子有困難……

→ 如果桌子夠堅固和耐用，讓幼兒可以坐在桌上。或是將桌子放在地板上。或是給幼兒一張使用塑膠腳的個別感官角。

如果　幼兒對於看素材有困難……

→ 確定這些素材（例如：沙、水）和桌子、玩具的顏色有明顯對比。可以用食用染料放入水中，看看是否對幼兒有幫助。

幼兒喜好

如果幼兒對於環境中的各種學習活動沒有興趣時，
就要找出他有興趣的東西，並整合到活動中。

如果　幼兒不願意或不想待在感官角玩……

→ 整合一個幼兒喜愛的項目。例如：如果幼兒喜歡魚，就放一些水和塑膠魚在感官角；如果幼兒喜歡能旋轉的東西，就放一些有旋轉零件的玩沙玩具在桌上。

如果　幼兒不願意或不想待在感官角玩……

→ 整合一個幼兒喜歡的運動性活動。例如：如果幼兒喜歡敲打，就放一些塑膠敲錘和高爾夫球座，讓幼兒用敲錘將球座敲進沙中；或是把塑膠動物冰凍後，讓幼兒用敲錘將周圍冰塊敲掉，讓裡面的塑膠動物掉出來。

如果　幼兒不願意或不想待在感官角玩……

→ 安排一個幼兒喜歡的大人或同儕在感官角。

同儕支持

運用同儕的支持，
來幫助幼兒學習重要的目標。

如果 幼兒要把沙倒入瓶子中，但是一直打翻瓶子，以致變得很沮喪，並且開始將沙倒在地上……
→ 讓另一個幼兒在感官角幫忙把瓶子握穩，這樣幼兒就可以成功地把沙倒入瓶子中而不再打翻。

如果 幼兒很勉強地在感官角玩……
→ 讓幼兒和一位同儕配成一組。給他們一組玩具共享。例如：給他們一個水桶以及每人一支勺子。

如果 幼兒在感官角上一再地重複做同一種動作……
→ 鼓勵幼兒加入一群較愛玩、有互動性而且有創意的幼兒中。

隱形支持

有目的性地安排某些在活動中自然發生的事件。

如果 幼兒在感官角上一再地重複做同一種動作……
→ 逐步並自然地增加項目。例如：如果幼兒不斷地將東西裝滿再倒出來，就給幼兒一些容器，然後再增加一些勺子或鏟子。

如果 幼兒對感官角不感興趣……
→ 放一個盒子或管子等新的（或不同的）玩具在感官角旁邊，讓幼兒去「發現」這些新玩具。

你的想法：

圖書角

環境支持

改變物理、社會與當時所處的環境，
使環境能提升、支持幼兒的活動參與和學習。

如果 幼兒心不在焉……

→要仔細考量安排你的圖書角。這個角落應該是在比較少人走動並且鄰近其他安靜的區域。

如果 幼兒在這裡會一直走動和吵鬧……

→要仔細考量使用的器材。提供耳機給那些使用錄音機的幼兒。限制在同一時間使用這個角落的幼兒人數。

如果 幼兒從未在自由活動的時間選擇這個角落……

→在一天的其他時間來使用圖書角，像特地引導幼兒使用這個角落。例如：讓幼兒的小組活動在圖書角聚會。

素材的調整

調整或改變素材，
使幼兒能夠在最大條件的獨立下參與活動。

如果 幼兒對於坐在地板上有困難……

→ 在這個角落提供一個適合幼兒尺寸的桌椅，讓幼兒可以坐著閱讀。

如果 幼兒對於翻頁有困難……

→ 放一小塊泡綿在翻頁地方的右上角，讓它較容易翻頁。你也可以製作或使用厚紙板書。

如果 幼兒尚未對故事書感興趣……

→ 把幼兒們的照片放入相本裡。製作戶外教學和班級活動的相本。

活動簡化

簡化一個複雜的工作，細分成小部分，
或是減少完成工作的步驟。

如果 幼兒不會操作錄音機或光碟播放機……

→ 在按鍵上用綠色標籤標示「開始」，紅色標籤標示「停止」，來標示步驟，或使用數字來標示複雜的操作步驟。

如果 幼兒沒有良好的動作技能來寫字，但是又想要表達一些事情……

→ 使用有磁性的板子和字母，作為幼兒另一種自我表達的方式。

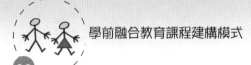

幼兒喜好

如果幼兒對於環境中的各種學習活動沒有興趣時，
就要找出他有興趣的東西，並整合到活動中。

如果 幼兒不常或長時間待在圖書角……

→ 整合一個幼兒喜歡的主題放進書的目錄裡。例如：如果有幼兒喜歡馬，就放一些馬的圖畫書在圖書角，或是如果有幼兒喜歡家中的圖畫書，也可以放置和這些相同版本的書在圖書角。

如果 幼兒不常或長時間待在圖書角……

→ 整合一個幼兒喜歡的活動或運動性的活動。例如：如果有幼兒喜歡製造聲音，就擺放一些能發出聲音的書在圖書角。

如果 幼兒不常或長時間待在圖書角……

→ 放置一些與某些圖畫書內容相關的玩具在圖書角。例如：提供《好餓的毛毛蟲》，並增加一些塑膠水果和蔬菜以及毛毛蟲的玩偶（在它們上面有黏上眼睛的襪子成效更好）。

成人支持

在活動或日常工作中，
用成人的介入來支持幼兒的參與及學習。

如果 幼兒很少選擇到圖書角／圖書館……

→ 安排幼兒喜歡的大人在圖書角。

如果 當幼兒聆聽錄音帶的故事（有聲書）變得很吵鬧或很興奮……

→ 讓大人加入幼兒。大人可以用溫和輕拍或碰觸來幫助幼兒控制自己的興奮情緒。

同儕支持

運用同儕的支持，
來幫助幼兒學習重要的目標。

如果 幼兒只是快速地翻書並且很快離開圖書角⋯⋯

→ 幫他找一位同儕配成一組。讓這位同儕「讀」一個故事。然後讓他們輪流交換。

如果 幼兒對於使用以及聆聽錄音帶的故事（有聲書）有困難⋯⋯

→ 連接兩組耳機到錄音機。讓同組的幼兒們一起聆聽故事。

如果 幼兒正在學習說話，而且選擇在自由活動的時間讀故事書⋯⋯

→ 讓幼兒們互相讀故事。這樣幼兒會有更多機會觀摩如何說故事以及加入對談。

你的想法：

電腦角

環境支持

改變物理、社會與當時所處的環境，
使環境能提升、支持幼兒的活動參與和學習。

如果 幼兒對於輪流等待有困難……

→ 讓幼兒們在白板或黑板輪流簽名。當幼兒玩過之後，要將自己的名字劃掉。將事先寫好名字的紙片在背後黏上魔鬼黏，這樣可以用來指示現在輪到誰。

如果 幼兒想玩電腦但當下是不能玩的……

→ 指出電腦現在是關起來的，並用大塊布蓋住每一台電腦的顯示器，或是用一張紙黏貼在螢幕上，並寫上禁用的標誌。

如果 幼兒在電腦角獨立操作有困難……

→ 提供圖片形式的電腦操作指示步驟張貼在電腦角。

特殊器材

運用特殊器材或輔具，
使幼兒能夠參與活動或是增加幼兒的參與度。

如果 由於感官或身體的缺陷，幼兒無法使用教室內的硬體……

→ 為幼兒和大人的特殊需求，與當地或政府的技術資源中心聯繫。為幼兒的工作操作，你可以借用適當的輔具。注意找找看合適的輔具型錄。你可以自己找出短期的因應方式。

同儕支持

運用同儕的支持，
來幫助幼兒學習重要的目標。

如果 幼兒對於新的電腦程式有困難⋯⋯
→ 幫他找一位同儕配成一組，讓這位同儕用較慢或更系統化的策略，讓幼兒能更瞭解這個新程式。

如果 幼兒總是選擇電腦並且只和電腦互動，不讓同儕參與互動⋯⋯
→ 請確定幼兒們要一起使用這部電腦。讓幼兒們學習他們喜歡的程式，並且設立另一個相似器材的遊戲區。

你的想法：

_____

_____

_____

_____

_____

_____

_____

_____

_____

_____

_____

_____

操作角

環境支持

改變物理、社會與當時所處的環境，
使環境能提升、支持幼兒的活動參與和學習。

如果 幼兒容易被教室內其他活動所分心……

→ 安排一個角落以減少幼兒注意力的分散。使用ㄥ型的櫃子。
將這個特意運用的角落安排在教室中一個安靜的地方。

如果 幼兒在這個角落總是侵入干擾別的幼兒工作……

→ 使用托盤或盒蓋作為他個別的工作空間。

素材的調整

調整或改變素材，
使幼兒能夠在最大條件的獨立下參與活動。

如果 幼兒對於用線串珠有困難……

→ 把合板釘釘在板子上。用線軸或鑽孔的積木作為「珠子」，
再將這些珠子放到合板釘上。

如果 幼兒對於握拿拼圖片有困難……

→ 給幼兒一個範圍內的拼圖。將線軸或小的積木黏貼到這些拼
圖片的頂端當作握柄。

如果 幼兒對於握拿遊戲片有困難，或是在遊戲過程中，遊戲片一直
散落……

→ 用魔鬼黏。或是把遊戲板切成一片片並用防護貼布來固定。

活動簡化

簡化一個複雜的工作，細分成小部分，
或是減少完成工作的步驟。

如果 幼兒對拼圖有興趣但是又感到受挫……

→ 幫幼兒依步驟學習：把拼圖片倒出來，將拼圖片的正面向上，再從圖形的邊緣開始拼等等。

如果 幼兒有興趣但是又受挫於順序排列或模型的活動……

→ 自己先開始，然後讓幼兒完成它。

成人支持

在活動或日常工作中，
用成人的介入來支持幼兒的參與及學習。

如果 幼兒對於桌上遊戲的規則遵守與輪流有困難……

→ 加入他們的遊戲。和幼兒們輪流並用溫和態度指導他們，幫助幼兒們學習規則。

如果 有幼兒堅持選擇最複雜的玩具，但又感到挫折，然後就把素材亂丟……

→ 當你看到幼兒做好選擇時，加入幼兒的遊戲。一次給他一部分，透過口語策略來進行這個活動，或是示範尋求協助。

你的想法：

_____

_____

_____

團體活動時間

環境支持

改變物理、社會與當時所處的環境，
使環境能提升、支持孩子的活動參與和學習。

如果 幼兒在團體活動時，無法安靜坐著……

→ 提供幼兒個別的小地毯，讓他們坐在小地毯上，限制他們的
活動範圍。

如果 幼兒有困難參與故事活動時……

→ 為幼兒安排看得見故事書的位置，有時候，幼兒是因為太靠
近或距離太遠而看不見故事書。選擇短篇故事，再逐漸增加
故事的長度。

如果 幼兒有困難參與兒歌或唱歌活動時……

→ 利用物品道具或木偶來配合兒歌或歌曲的唸唱，使幼兒更瞭
解歌曲或兒歌的意義。這樣的做法對非英語為母語的幼兒特
別有幫助。

素材的調整

調整或改變素材，

使幼兒能夠在最大條件的獨立下參與活動。

如果 幼兒對團體活動不感興趣，而且幼兒尚未發展口語……

→ 讓幼兒自己選擇歌曲、書籍或手指謠，將幼兒的選擇轉變為圖示，幫助幼兒以指示或選擇團體活動之後的活動圖卡，並以此活動作為幼兒參與團體活動的增強。

如果 幼兒還未發展出口語，而在音樂唱遊活動時會有干擾或被動的表現……

→ 讓幼兒參與音樂唱遊活動時，有和歌曲或兒歌相關的物品道具配合使用。

活動簡化

簡化一個複雜的工作，細分成小部分，

或是減少完成工作的步驟。

如果 幼兒在團體活動時遊走，或是在故事活動時有干擾行為……

→ 為幼兒朗讀重複簡單語詞文體的故事（例如：棕熊、棕熊，你看見了什麼？）持續一個星期。這個方法讓幼兒能因為瞭解事物內容而增加參與，其他幼兒也因為重複朗讀而幫他們學習朗讀。

如果 幼兒不瞭解故事……

→ 利用物品道具或紙偶配合故事呈現其中的角色或物品。這個方法對非英語為母語的幼兒特別有幫助。

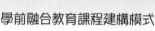

幼兒喜好

如果幼兒對於環境中的各種學習活動沒有興趣時，
就要找出他有興趣的東西，並整合到活動中。

如果 幼兒在團體活動時發脾氣，又想離開活動……

→讓幼兒在活動中拿著喜歡的無聲玩具（例如：泰迪熊、玩偶）。在活動一開始時就將玩具給幼兒。

如果 幼兒不願意參與團體活動……

→安排幼兒喜歡的活動或呈現玩具作為活動的開始。例如：老師一面吹泡泡，一面等待幼兒，並加上口語提示：「Tommy已經來這裡了，他有泡泡玩喔。」另外也可使用噴水、幼兒喜歡的歌曲動作，或是讓幼兒和喜歡的玩具輪流互動。當幼兒來參與時，給予即時的機會作為增強。

如果 幼兒猶豫地去團體活動……

→安排幼兒喜歡的同儕或成人坐在他（她）位置的旁邊等他（她），所以幼兒知道他（她）可以和喜歡的人坐在一起。

特殊器材

運用特殊器材或輔具，
使幼兒能夠參與活動或是增加幼兒的參與度。

如果 幼兒在團體活動時，身體動來動去不能好好坐著……

→讓幼兒坐有圍欄或圍板的椅子，一旦幼兒學會好好坐著時，他（她）就可以把精力放在活動上，而不是把精力消耗在動來動去的坐姿上。

成人支持

在活動或日常工作中，
用成人的介入來支持幼兒的參與及學習。

如果 幼兒不參與團體活動（如律動或手指搖）……
→ 安排一位成人坐在幼兒後面，用肢體協助的方法提示幼兒動作。幼兒能獨立參與時，成人應減少協助。

如果 幼兒不確定團體活動時要做什麼……
→ 安排一位成人坐在幼兒後面，用肢體協助的方法提示幼兒動作。幼兒能做出動作時，給予即時的讚美和鼓勵。

同儕支持

運用同儕的支持，
來幫助幼兒學習重要的目標。

如果 幼兒不知道該選擇哪一張天氣圖卡貼在天氣板上……
→ 請一位同儕拿正確的天氣圖卡給幼兒，再讓幼兒把圖卡貼在天氣板上。

如果 幼兒不知道如何扮演和他（她）名字開頭字母一樣的動物動作……
→ 請其他同儕先進行活動，再讓幼兒決定他（她）想扮演什麼動物。

如果 老師傳神秘袋讓幼兒閉著眼睛，從中拿出一樣東西，其中一位幼兒不想把手放進袋中……
→ 請幼兒的好朋友為他從袋中拿出一樣東西。幼兒仍可以像其他同儕一樣，拿著這樣東西到活動結束。

隱形支持

有目的性地安排某些在活動中自然發生的事件。

如果 幼兒在團討活動時，常答非所問或有不恰當的回應……

→ 在點名幼兒回答前，請一位幼兒示範恰當的回應。

如果 幼兒不確定團體活動時要做什麼……

→ 安排幼兒坐在能有恰當表現的同儕中間。

你的想法：

_____

_____

_____

_____

_____

_____

_____

_____

_____

_____

_____

_____

_____

_____

小組活動

環境支持

改變物理、社會與當時所處的環境，
使環境能提升、支持幼兒的活動參與和學習。

如果 幼兒搶別人的東西……

→ 將幼兒在活動中要用到的材料放在塑膠托盤或硬紙箱的蓋子上，幫助幼兒提醒自己用他（她）該用的材料。

如果 幼兒有困難銜接小組活動……

→ 安排幼兒在小組活動時有固定的座位，在桌面或椅子上貼上幼兒的名字，或是為幼兒準備名片，帶到小組活動時再放在指定座位上。

如果 幼兒有跟隨指令的困難……

→ 一次只給幼兒一個指令，幼兒完成指令要求後，再給一個指令。

素材的調整

調整或改變素材，
使幼兒能夠在最大條件的獨立下參與活動。

如果 幼兒進行圖卡和物品配對時，手的動作讓卡片會超出正確的位置……

→ 在卡片（圖卡）背面和展示板上貼好魔鬼黏再讓幼兒操作。

如果 對幼兒來説，桌子高度過高……

→ 利用魔鬼黏黏一塊海棉在座位下。

如果 幼兒書寫時有握筆困難……

→ 在鉛筆上圈幾圈膠帶，讓幼兒比較容易握穩。

活動簡化

簡化一個複雜的工作，細分成小部分，
或是減少完成工作的步驟。

如果 幼兒有困難玩多片拼圖或遊戲……

→ 一次給一片拼圖。完整的拼圖中，增加每次給幼兒的片數。

如果 幼兒在小組中不知如何進行活動……

→ 將活動流程或部分步驟製作成圖卡。

幼兒喜好

如果幼兒對於環境中的各種學習活動沒有興趣時，
就要找出他有興趣的東西，並整合到活動中。

如果 幼兒在小組活動中發脾氣，而且想離開活動時……
→ 讓幼兒在活動中拿著一個活動時須用到的喜愛玩具或物品，
這樣東西須無聲音，在活動一開始時就可以給幼兒。

如果 幼兒不想參與小組活動……
→ 將幼兒喜歡的東西融入活動中。例如：如果幼兒喜歡火車，
則可讓他（她）用火車沾顏料來創作。

如果 幼兒太快結束活動而且想走開……
→ 製作一個「完成盒」，裡面放可以激起幼兒動機的東西，等
他（她）參與完小組活動後，才可以打開盒子玩裡面的東
西。

成人支持

在活動或日常工作中，
用成人的介入來支持幼兒的參與及學習。

如果 幼兒不知道如何開始進行剪貼活動……
→ 安排一位成人坐在幼兒旁邊，示範如何剪和貼，而不要直接
告訴他（她）怎麼做。

如果 幼兒在活動中表現出挫折的樣子……
→ 用和幼兒輪流進行活動的方式來鼓勵他（她）。

同儕支持

運用同儕的支持，
來幫助幼兒學習重要的目標。

如果 幼兒有困難完成最後幾塊拼圖時……

→ 請一位能完成拼圖的同儕和幼兒一起完成，或是告訴幼兒拼圖該放的位置。

如果 幼兒有困難打開罐裝紙黏土或其他材料的蓋子……

→ 安排一位同儕幫忙幼兒扶穩放在桌子上的罐子，再讓幼兒打開蓋子。

如果 串珠活動時，幼兒因為精細動作的操作有困難，而不能一手拿線一手穿珠子，幼兒因此感到挫折……

→ 安排一位同儕拿著珠子，讓幼兒只須專心將線穿過珠子，也可以讓配對的二位幼兒協商誰拿珠子，誰拿線。

隱形支持

有目的性地安排某些在活動中自然發生的事件。

如果 幼兒大部分的時間都站著或是不能好好坐在椅子上……

→ 將小組活動安排在不一定要坐在椅子上的區域。

如果 幼兒不能理解老師的口語指令……

→ 在其中一位同儕依照老師指令做對事情後，即刻讓幼兒做出老師的要求。

你的想法：

烹飪活動

環境支持

改變物理、社會與當時所處的環境，
使環境能提升、支持幼兒的活動參與和學習。

如果 幼兒不能等待輪流……

→ 以小組活動的方式來進行烹飪活動，或是安排在教室中有充
分成人人力時，以分組的方式進行。

如果 幼兒有困難跟隨口語指令……

→ 將烹飪活動的步驟和做法製作成圖卡。

如果 幼兒在烹飪時易和同儕發生肢體衝突……

→ 安排幼兒坐在桌子的邊端，讓他（她）有充分的空間操作。

素材的調整

調整或改變素材，
使幼兒能夠在最大條件的獨立下參與活動。

如果 幼兒不能握穩器材……

→ 在桌面鋪上止滑墊，有必要時讓幼兒站著操作。

活動簡化

簡化一個複雜的工作，細分成小部分，
或是減少完成工作的步驟。

如果 幼兒不會使用烹飪工具……

→ 以分組的方式進行活動，例如：一組幼兒洗蔬菜，另外一些
幼兒切蔬菜。讓不會操作工作的幼兒參與清洗蔬菜組。

如果 幼兒有困難參與所有的步驟……

→ 將活動設計成一個生產線，幼兒只須參與其中一個步驟。

你的想法：

戶外活動時間

素材的調整

調整或改變素材,
使幼兒能夠在最大條件的獨立下參與活動。

如果 幼兒還不能踩到三輪車的踏板……
→ 黏一塊木頭積木在踏板上。

幼兒喜好

如果幼兒對於環境中的各種學習活動沒有興趣時,
就要找出他有興趣的東西,並整合到活動中。

如果 幼兒不參與……
→ 在戶外空間中增加素材,例如:擺設畫架和顏料、錄音機、
膠帶,或野餐和桌上遊戲。

如果 幼兒不參與遊戲場中的某些區域……
→ 安排幼兒喜歡的成人到該區域。

如果 幼兒想玩球,但是不懂輪流或其他規則……
→ 在小組活動時教幼兒玩球遊戲。

成人支持

在活動或日常工作中，
用成人的介入來支持幼兒的參與及學習。

如果 幼兒每天重複做一樣的事……
→ 帶一樣新東西去加入幼兒的遊戲。

如果 幼兒常在鞦韆架和溜滑梯之間興奮地跑步……
→ 用膠帶或粉筆畫出跑道，安排一個跑步活動。

同儕支持

運用同儕的支持，
來幫助幼兒學習重要的目標。

如果 幼兒想拉車，但是拉車對他（她）來說太重了……
→ 請一位同儕和幼兒一起拉車。

如果 視力有問題的幼兒不能順利地通過障礙……
→ 請一位視力和大肌肉動作技巧佳的同儕，和幼兒一起想辦法
　通過障礙道。

如果 幼兒不想要嘗試玩溜滑梯或其他遊戲器材……
→ 請一位同儕去邀請幼兒一起玩遊戲器材。

音樂和律動

幼兒喜好

如果幼兒對於環境中的各種學習活動沒有興趣時，
就要找出他有興趣的東西，並整合到活動中。

如果 幼兒不參與……
→ 在活動中加入幼兒喜歡的玩具，例如：幼兒喜歡車子，讓全
班一起配合音樂來回轉動車子。

如果 幼兒不參與……
→ 將全部幼兒分成二或三人一組，將幼兒安排在有他（她）喜
歡的同儕或成人小組中。

如果 幼兒不願意配合手指謠做動作……
→ 讓全部幼兒對著鏡子動作（利用扮演角中的鏡子）。

成人支持

在活動或日常工作中，
用成人的介入來支持幼兒的參與及學習。

如果 幼兒不主動參與……
→ 描述正在做的事。介紹新詞如「彈性的」或「平滑的」。

如果 幼兒不肯嘗試做出新動作……
→ 模仿幼兒的動作，最後再讓幼兒看新動作讓他（她）模仿。

隱形支持
有目的性地安排某些在活動中自然發生的事件。

如果 幼兒不參與大團體的音樂律動活動……
→ 將音樂和律動動作加入其他活動。例如：請幼兒用大步走或單腳跳的方式去下一個活動角落。

如果 幼兒對音樂活動不感興趣……
→ 讓幼兒自製樂器（例如：鼓、沙鈴），用自製樂器引發幼兒參與音樂活動的樂趣。

你的想法：

_____

_____

_____

_____

_____

_____

_____

_____

_____

_____

_____

_____

_____

到園和離園

環境支持

改變物理、社會與當時所處的環境，
使環境能提升、支持幼兒的活動參與和學習。

如果 幼兒不願意進教室……

→ 在教室外放置幼兒們的名字卡或圖卡，讓幼兒拿著名字卡或
圖卡進教室，將卡片放一張畫有學校的大海報上。回家前讓
幼兒把卡片放回原處。

如果 幼兒很難在進教室後做該做的事……

→ 在幼兒工作櫃中放一張畫有幼兒進教室後應做的第一件事
（例如：去積木角玩）。

如果 幼兒拖拖拉拉地上娃娃車……

→ 給幼兒一張圖示符號或車票，讓他（她）交給司機。

活動簡化

簡化一個複雜的工作，細分成小部分，
或是減少完成工作的步驟。

如果 幼兒不耐煩等待其他幼兒準備離園……

→ 縮短等待時間。安排一位成人督導準備好的幼兒們盡快離園。

如果 幼兒花太多時間完成離園前的工作……

→ 讓幼兒獨立從最重要的工作開始做，再逐漸增加幼兒離園前
的工作責任。

幼兒喜好

如果幼兒對於環境中的各種學習活動沒有興趣時，
就要找出他有興趣的東西，並整合到活動中。

如果　幼兒離園前遊走、閒蕩⋯⋯

→ 協助幼兒寫一個他（她）當天最喜歡的活動紀錄，並讓幼兒
帶回家。

如果　幼兒從娃娃車下來後太慢進教室⋯⋯

→ 如果可能，安排戶外活動作為一天中的第一個活動。

你的想法：

_____

_____

_____

_____

_____

_____

_____

_____

_____

_____

_____

_____

銜接時間

環境支持

改變物理、社會與當時所處的環境，
使環境能提升、支持幼兒的活動參與和學習。

如果 幼兒只在一個角落玩，不想到其他角落嘗試探索……

→ 使用計時器提醒幼兒，計時器響時，幼兒須轉換遊戲角落。

如果 團體活動開始前，幼兒不知道應該坐在哪裡……

→ 活動開始前將幼兒的名字卡放在小地毯上，如果幼兒還不認
得自己的名字，則給他（她）另一張名字卡，去配對小地毯
上的名字卡。

素材的調整

調整或改變素材，
使幼兒能夠在最大條件的獨立下參與活動。

如果 幼兒有困難跟隨教室作息，他（她）不知道教室中作息活動的
狀況……

→ 製作一個圖示作息表，每個活動結束後，將活動卡翻到反
面。

如果 銜接時間時，幼兒很難跟隨指令……

→ 創造一個有趣好笑的銜接訊號，例如：同側身走路的方式去
洗手間。

幼兒喜好

如果幼兒對於環境中的各種學習活動沒有興趣時，
就要找出他有興趣的東西，並整合到活動中。

如果 當全班幼兒須排隊去戶外遊戲時，幼兒仍在教室遊蕩……

→ 安排一位幼兒喜歡的同儕或老師，告訴幼兒應排隊，並牽著
他（她）的手一起等待，一起走去下一個遊戲場。

如果 幼兒有困難從一個活動銜接到另一個活動……

→ 將幼兒喜歡的玩具或活動製作成拼圖，依教室作息中轉銜時
間的次數剪成拼圖片數。每次幼兒可以順利銜接活動時，則
給他（她）其中一片拼圖。當幼兒獲得所有拼圖片時，他
（她）可以玩這樣玩具或活動。

成人支持

在活動或日常工作中，
用成人的介入來支持幼兒的參與及學習。

如果 幼兒不知道小組活動和自由活動時間中的銜接時間該做什麼
……

→ 在小組活動結束前，提示幼兒自由選擇活動可以做什麼。例
如：你可以告訴幼兒：「完成工作後你可以選一個想去的角
落玩。我們有積木角、圖書角……」

如果 幼兒在銜接時間太過興奮或著急……

→ 給幼兒個別提示，最好在銜接時間的前五分鐘左右就告訴幼
兒。

如果 銜接時間時，幼兒不知道該做什麼……

→ 留意指令的清晰程度，確定幼兒得到的指令是清楚、明確、
一致的。

同儕支持

運用同儕的支持，
來幫助幼兒學習重要的目標。

如果 幼兒在銜接時間不知道該做什麼，或是該去哪裡……

→ 安排一位清楚作息的同儕和幼兒一起做該做的事。

如果 幼兒不清楚換角落時，須把自己的照片從原先的角落名牌板拿下來，再放到另一個角落的名牌板……

→ 安排一位懂得規則的幼兒進行換角落，再讓不清楚的幼兒模仿著做。

如果 幼兒不願意在休息時間躺在墊子上，而在教室中遊走……

→ 先讓其他幼兒都躺好休息，再讓幼兒躺下休息。

你的想法：

收拾

環境支持

改變物理、社會與當時所處的環境，
使環境能提升、支持幼兒的活動參與和學習。

如果 收拾時間時，幼兒不知所措，手忙腳亂……
→ 把玩具、積木或其他物品排列在架上，或是架上貼上玩具或物品的照片，提示幼兒物歸原處。

如果 幼兒在收拾時感到挫折……
→ 利用標示玩具或物品的不同置物籃，讓幼兒依標示將玩具或物品歸位。

如果 幼兒拒絕收拾……
→ 將教室角落照片製作成卡片或票券，幼兒自己選擇卡片並去收拾那角落的玩具或物品，收拾後將卡片交給老師，才能參與下一個活動。

成人支持

在活動或日常工作中，
用成人的介入來支持幼兒的參與及學習。

如果 幼兒不知道大積木該收到哪裡……
→ 先放幾塊大積木在正確的架上位置，幼兒再跟著排列收拾其他的大積木。

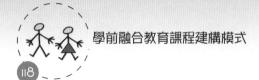

如果	幼兒想幫忙收拾點心後的桌面，但不知道該如何做……

→ 先放一些盤子在洗滌籃裡，幼兒再跟著放其他杯盤在籃中。

如果	幼兒想不用肥皂洗掉手上的顏料……

→ 塗一些顏料在手上，然後用一些肥皂搓揉雙手，讓幼兒學你用肥皂洗手。

同儕支持

運用同儕的支持，
來幫助幼兒學習重要的目標。

如果	幼兒不知道怎樣擠清潔劑在點心後的桌面上再擦桌子……

→ 配對幼兒二人一組，一人擠清潔劑，另一人擦桌子。

如果	彩繪後幼兒不願意洗手……

→ 一組配對一位能在活動後洗乾淨手的同儕，並要求二人互相檢查雙手是否洗乾淨了。

如果	幼兒在收拾時不一起幫忙……

→ 二位幼兒成一組，一人拿籃子，一人收杯子放入籃內。

你的想法：

_____

_____

_____

_____

_____

_____

點心和用餐

幼兒喜好

如果幼兒對於環境中的各種學習活動沒有興趣時，
就要找出他有興趣的東西，並整合到活動中。

如果 幼兒吃得很少或不願意嘗試新的食物……
→安排幼兒喜歡的成人坐在他（她）旁邊一起用餐。

如果 幼兒正學習使用餐巾紙……
→選用幼兒喜歡顏色的餐巾紙，或是餐巾紙上有幼兒喜歡的圖
案。

如果 幼兒吃得很少或不願意嘗試新的食物……
→安排幼兒一起參與準備餐點，例如：請幼兒一起烤土司、打
果汁、攪拌優格做沙拉。

同儕支持

運用同儕的支持，
來幫助幼兒學習重要的目標。

如果 幼兒正在學習用湯匙……
→安排幼兒和會正確使用湯匙的同儕坐在一起，讓幼兒模仿學
習。

如果 幼兒正在學習使用肢體語言表達需求……
→請一位已會使用肢體語言或動作表達需求的幼兒示範還想要
吃，讓幼兒有機會觀察模仿。

| 如果 | 幼兒不會用壺倒果汁⋯⋯ |

→ 請一位同儕幫忙幼兒倒果汁。

你的想法：

自理作息活動

環境支持

改變物理、社會與當時所處的環境，
使環境能提升、支持幼兒的活動參與和學習。

如果 幼兒正學習上廁所或洗手……
→ 在馬桶或洗手槽旁貼圖示。

如果 幼兒如廁後忘記沖水……
→ 在沖水把手上貼上色彩鮮明的膠帶作為提示。

素材的調整

調整或改變素材，
使幼兒能夠在最大條件的獨立下參與活動。

如果 幼兒拿不到衛生紙……
→ 在幼兒可以碰到的枱面上放一卷衛生紙。

如果 幼兒正學習拉夾克拉鏈……
→ 在拉鏈頭上加一個大一點的拉環。

如果 幼兒正學習正確穿鞋……
→ 在其中一隻鞋上貼一張圓點貼紙。

你的想法：

_____

_____

休息時間

幼兒喜好

如果幼兒對於環境中的各種學習活動沒有興趣時，
就要找出他有興趣的東西，並整合到活動中。

如果 幼兒不肯休息又發出很大的聲音……

→ 讓幼兒握一個安靜的玩具（例如：泰迪熊、玩偶）。

→ 在幼兒休息時間時讓幼兒讀喜愛的書。

→ 讓幼兒帶耳機聽故事或輕柔的音樂，但必須在休息墊上聽。

如果 幼兒不肯躺下午睡……

→ 讓幼兒選擇他（她）想午睡的地方，或是選擇睡藍色或紅色
的墊子。

成人支持

在活動或日常工作中，
用成人的介入來支持幼兒的參與及學習。

如果 幼兒在教室中遊走……

→ 成人可用輕拍背、輕聲交談、讀故事書、給幼兒填充玩具等
方法幫助幼兒入睡。

同儕支持

運用同儕的支持，
來幫助幼兒學習重要的目標。

如果 幼兒不願意躺在他（她）的墊子上……

→ 先讓其他幼兒躺在休息區，讓幼兒跟著做。

如果 幼兒正學習寢後收拾……

→ 配對一位知道如何寢後收拾的同儕，幫幼兒一起收拾。

你的想法：

_____

_____

_____

_____

_____

_____

_____

_____

_____

_____

_____

_____

_____

_____

_____

6
CHAPTER

嵌入式學習

　　嵌入式學習（embedded learning opportunities, ELOs）的意義是老師可運用班級中進行的活動，製造可介入幼兒學習的機會。這些學習的時間不必很長，重點在於將幼兒的個別化學習目標融入活動和作息中，因此，老師必須準備教學的事前計畫。

　　嵌入式學習的策略運用時機可為：幼兒表現對教室中活動的興趣，以及活動和作息能和幼兒的學習目標結合時。其優點包括：(1)教學策略可以和活動及作息結合，所以策略的設計符合自然情境，而不必大費周章地設計教學。(2)由於老師是以幼兒的興趣和喜好為教學的設計核心，所以較能引發幼兒參與和學習的動機。(3)幼兒在自然情境的學習，能讓幼兒練習和應用新技能和概念的機會。(4)老師將幼兒的學習融入在不同類型的活動，可增強幼兒類化技能的機會。Bricker、Pretti-Frontczak 和 McComas（1998）三位學者以「活動本位介入法」（activity-based intervention）之詞描述目標融入活動中的教學策略，與本書「嵌入式學習」之詞實為相同理念的策略。

Samisha 的其中一項個別化學習目標是增進與同儕的合作遊戲技巧。Samisha 決定將其目標融入在自由選擇的活動中。Gia 和 David 老師計畫邀請 Samisha 和其他幼兒一起玩益智遊戲。David 運用提示和鼓勵策略協助 Samisha 和其他幼兒合作玩遊戲。

以上的例子即是 Samisha 將學習目標（合作遊戲技巧）融入在活動中，而不是以抽離的方式或隔離的時段進行教學。在自由活動時，老師事前計畫決定以系統化的提示與鼓勵為教學和增強策略。

●●● 基本步驟 ●●●

嵌入式學習的事前計畫是必需的工作，老師必須仔細地計畫，以確定幼兒獲得充分練習的機會。以下七項基本步驟即為計畫嵌入式學習機會之要點：

1. 確定幼兒的學習目標與評量標準。
2. 蒐集幼兒現狀能力的資料。
3. 使用活動矩陣圖來選擇能夠合理融入目標的活動、角落或作息。
4. 設計教學互動的情境和策略，並將其記錄在計畫表中。老師可參考「嵌入式學習一覽表」（ELO-at-a-Glance）〔修改自 McCormick 和 Feeney 的「IEP 一覽表」（IEP-at-a-Glance）（1995）〕實例撰寫計畫。
5. 執行事前計畫的教學。
6. 進行活動中的觀察和評量。
7. 固定檢視幼兒目標達成的結果，例如，達到標準。

Drew 須學習即時跟隨老師的指令開始和結束活動，二天內做到 80%。Drew 的老師完成「幼兒評量工作單」並檢視每日作息後，決定將此目標融入在活動和活動之間的銜接時間讓 Drew 練習。Jennie 老師和 Marlene 助理老師連續觀察 Drew 跟隨指令的現況表現，以自製的活動銜接檢核表記錄 Drew 是否表現跟隨指令的行為。二天之後，老師們發現 Drew 不能即時跟隨老師的指令（例如：「團討時間到了，小朋友在地板上坐好。」「和 Jennie 老師一組的小朋友過來這邊。」），Drew 需要不只一次的提醒才能跟上銜接活動的指令，唯一例外的是老師提示準備到戶外活動時，Drew 能即時回應指示。

Jennie 和 Marlene 二位老師決定使用視覺或圖像提示來幫助 Drew 瞭解指示。第 27 頁和第 34 頁的實例說明 Drew 的「幼兒評量工作單」和「幼兒活動矩陣」的內容。

接著，老師撰寫「嵌入式學習一覽表」作為教學計畫。優質的教學須包含：(1)仔細描述幼兒的被期望行為，亦即幼兒的目標；(2)老師或其他成人在幼兒行為發生前的工作；(3)老師或其他成人在幼兒行為發生後的工作。在此一覽表中，老師可依幼兒的目標，在素材或活動加以調整或改變，以使教學和目標的結合更緊密。例如：Jennie 或 Marlene 老師在提示 Drew 時加入圖示，一面給指令，一面拿團討時間的照片指示 Drew 團討時間到了；或是拿畫有肥皂盒的圖卡，提醒 Drew 去洗手。

老師將「嵌入式學習一覽表」和「評鑑工作單」一併使用，可以幫助老師蒐集幼兒在嵌入式學習策略引導下的學習資料之外，也幫助老師評鑑教學策略的運用成效（第 32 至 36 頁有詳細說明）。

團隊成員在計畫時即必須決定每天提供多少的練習機會。「嵌入式學習一覽表」中的最後一欄，是填寫團隊成員計畫幼兒每天的學習機會

次數，次數也必須詳實記錄，以瞭解是否需要增加學習機會。

嵌入式學習一覽表：Drew

日　　　　期：01/07/02

團 隊 成 員：Jennie（老師）　　　　　Marlene（助理老師）

例行性活動：銜接時間

目　　　　標：Drew 會在看到圖片和聽到指令時，馬上跟隨指令開始活動，二天中能做到 80%。

做什麼？　　　　給 Drew 看圖片。

說什麼？　　　　「Drew，到團討室集合。」

如何回應？　　　如果 Drew 能依指令做，讚美他，也告訴他剛剛做了什麼。如果 Drew 不能做到，再給他看圖片，重複指令並給他肢體提示。

需要什麼素材？　圖片或照片：

| 團體活動 | 角落 | 果汁和餅乾 | 娃娃車（巴士） |
| Drew 的小組 | 洗手乳 | 溜滑梯和三輪車 | |

有多少練習機會？（利用 Drew 的銜接時間表來追蹤進步情形）

星期一	星期二	星期三	星期四	星期五

圖 6-1　Drew 的嵌入式學習一覽表

　　有些幼兒因為玩玩具或社會性遊戲的技巧較弱，或是專注力的維持時間較短，所以參與自由選擇活動會有困難。上述 Drew 的例子是將其目標與例行性活動結合，以下的例子則說明如何將目標嵌入自由選擇活動中。

　　Samisha 的其中一項學習目標是：Samisha 能至少在四種角落中加入同儕的遊戲活動，並在合作遊戲活動中至少和同儕一起玩十分鐘。Gia 和 David 老師共同完成「幼兒評量工作單」，並檢視日常作息，和觀察記錄 Samisha 在自由選擇活動中的遊戲行為（參閱圖 6-2）。Gia 和 David 發現，Samisha 只能在由她開始的故事情節中，和其他小朋友在一起玩扮演遊戲，但是這樣的合作遊戲只能維持幾分鐘。二位老師也發現，Samisha 開始觀察其他小朋友玩益智遊戲。

Gia 和 David 老師必須仔細計畫，因為班級中有六位特殊幼兒，他們的學習目標中也有與自由選擇時間結合的機會。最後二位老師決定將 Samisha 合作遊戲的教學策略與益智角活動結合，之後依 Samisha 的進步情形，將其目標與其他角落活動結合。結構性的遊戲和系統化的提示應可幫助 Samisha 學習如何和其他小朋友一起玩。圖 6-3 是 Gia 和 David 老師 Samisha 撰寫的「嵌入式學習一覽表」。

二位老師也決定將 Joey 的目標與益智角活動結合，這樣可以利用有限的時間和資源兼顧不同幼兒的需求。Joey 在益智角操作老師事先準備的玩具，讓他練習「一手拿物放進容器或固定範圍」的目標。例如：Joey 操作手指板時，老師稍加提示正確的位置。

幼兒評量工作單

日期：01/17/02

教師姓名：Gia　　　　　　幼兒姓名：Samisha

班級活動	班級行為	幼兒的表現層次
到園	和全班一起走進教室。 能自己走。	良好 _____ 平均 _____ 再加強 ✕
團體活動時間	能坐在自己的小地毯上。 能參與音樂、律動和其他團體活動。	良好 _____ 平均 ✕ 再加強 _____
小組活動時間	能在桌上工作。 能參與藝術和其他活動。	良好 _____ 平均 ✕ 再加強 _____
自由活動時間	能獨立自己玩。 能和其他幼兒一起玩。	良好 _____ 平均 _____ 再加強 ✕
收拾時間	當被要求時，能適當地收拾角落。	良好 _____ 平均 ✕ 再加強 _____
點心時間	能在桌上吃點心。 當被要求時，能和其他幼兒交談和傳遞物品。	良好 _____ 平均 ✕ 再加強 _____
戶外活動時間	會玩遊戲場的器材。 能獨立以及和其他幼兒玩。	良好 _____ 平均 _____ 再加強 ✕
銜接（轉換）時間	跟隨指令。	良好 _____ 平均 ✕ 再加強 _____

圖 6-2　Samisha 的幼兒評量工作單

嵌入式學習一覽表：Samisha

日　　　期：01/17/02

團 隊 成 員：Gia（教師）　　　　　David（助理）

例行性活動：自由活動：益智角（桌上遊戲）

目　　　標：Samisha 會加入同儕的遊戲並能和他們玩十分鐘，或能和他們玩合作性遊戲。她能在四種不同角落表現此行為。

做什麼？　　　　　指示或拿遊戲道具（例如：車子、球）給 Samisha。

說什麼？　　　　　「Samisha，要輪流喔。」或其他適合的提示。

如何回應？　　　　如果 Samisha 能跟隨指令，讚美她並強調和其他幼兒一起玩。如果她做不到，給 Samisha 遊戲的指示並重複指令。

需要什麼素材？　　準備二位以上幼兒一起玩的桌上遊戲（如：大富翁）。

有多少練習機會？

星期一	星期二	星期三	星期四	星期五
自由活動時間	自由活動時間	自由活動時間	自由活動時間	自由活動時間

圖 6-3　Samisha 的嵌入式學習一覽表

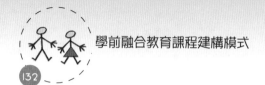

●●● 建構嵌入式學習機會的提示 ●●●

　　一旦老師或專業團隊成員熟悉嵌入式學習的教學策略和計畫步驟，就可較容易地轉化為一位以上的幼兒和其目標設計和計畫學習情境和方法。當然，有些時候老師認為一對一的教學是必要的，而個別化教育計畫的目標撰寫方向，有時候也會造成老師較難轉化目標成為功能性的行為表現。以下的指引可幫助老師避免上述的困擾。

▢ 學習目標之安排

　　首先，老師必須澄清學習目標並不等同活動；而計畫活動和提供教學也不相同（Giangreco, Dennis, Edelman, & Cloninger, 1994）。幼教老師的優勢通常表現在為幼兒設計有趣又好玩的活動，然而，並不一定能充分掌握特殊幼兒的個別化目標與教學的緊密度。舉例而言，幼兒個別化目標中的伸手、提握、提出需求，或知道班級中同儕的名字，這些目標中的技能並不是活動，幼兒學會些技能後才可能有更多的參與活動。老師的教學即是在真實自然的情境中教幼兒這些技能，並提供幼兒練習和應用技能的活動。因此，僅僅讓活動在教室中進行是不夠的，老師必須在活動中教學。

　　有時候，個別化教育目標的陳述方式會限制老師的教學方式。例如：Annie 會在引導下解構拼圖並拼出 80%正確的拼圖。老師可能會和Annie 坐在桌前重複練習拼圖。這種方法失去了遊戲化活動的幼兒適性學習，比較好的方法應是提供幼兒不同的拼圖，以及不同的建構和操作性玩具和素材，讓幼兒能多元地練習分辨或重組形狀。

　　專業團隊中的諮詢老師與班級老師可共同討論和修改目標，使幼兒的學習目標兼具功能性和生產性。Annie的目標可改寫成：Annie至少會分解和重組五樣玩具或物品，例如：樂高玩具、拼圖、串珠。

　　諮詢特教老師和其他團隊成員在討論和設計嵌入式學習情境時，須留意目標應和多種類的活動和作息結合（例如：玩水活動、烹飪活動、美勞活動、到園時間、點心時間、收拾）。若是幼兒需要更多程度的教學介入，老師須考慮以幼兒焦點行為為中心的教學策略，而非嵌入式學習。以下是撰寫和安排學習目標的提示：

1. 不要限制幼兒對單一線索或刺激反應。例如：「幼兒能爬四呎去拿玩具」，可改為「幼兒至少能爬四呎（如：爬向成人、爬向同儕、爬去拿東西、爬去參與活動等）」。

2. 擴充幼兒的反應。例如：「幼兒會要求幫忙拿喜愛的玩具」，可改為「幼兒會使用不只一種解決問題的方法（如：利用工具、要求幫忙、繞過障礙物等）」。

3. 避免以單一素材的行為表現。例如：「幼兒能堆疊了一個一時的方塊」，改為「幼兒能堆疊小件物品（如：積木、小書、筆記本、錄音帶、樂高等）」。

至於學習目標的安排須包括以下的特質：

1. 在例行性和計畫性活動中都可進行教學。

2. 在多樣性的活動中進行教學，以提供幼兒充分的學習機會。

3. 教學的重點是幫助幼兒新技能和行為的學習，而非練習幼兒已經會的技能。

學習目標的組織

確定或營創嵌入式學習機會

　　嵌入式學習最重要的是促進幼兒習得個別化需求的技能或概念。幼兒的興趣或喜好（課程調整策略之一）是營創嵌入式學習機會的路徑。

Nhan 的學習目標之一是增進他的詞彙。他已學會微笑、選擇玩具或活動，但不願意開口說話。Nhan 的老師也瞭解他喜歡的玩具。他很喜歡畫畫、玩積木和玩球，於是老師把這些玩具放在 Nhan 拿不到的架子上，鼓勵 Nhan 開口說出他想要玩的東西。老師也把 Nhan 喜歡的玩具和人物圖片，以及小玩具放在口袋裡，在銜接活動時，拿出圖片或玩具和 Nhan 玩指稱物品的遊戲。

營創多元的學習機會

特殊幼兒需要多樣化的活動幫助他們練習新技能或行為。嵌入式學習的重要性即在於老師能為幼兒營創教與學的機會。

設計與執行教學

設計和運用有效的教學策略並非易事，老師可參考以下的問題來選擇好的策略：

- 教學策略是否為有效策略？
- 教學策略是否符合正常化原則？（是否對所有幼兒都適合？或是會對幼兒形成標記？）
- 教學策略是否在不同情境中執行？
- 教學策略是否考慮到對幼兒的尊重？

監督幼兒的進步

在學習情境中蒐集幼兒表現的資料，其目的有二。其一是幫助老師確實執行為幼兒學習所做的安排。例如：老師可用劃記的方式，在「嵌入式學習一覽表」中記錄是否有執行一天十次的學習機會。劃記不是唯一的方法，例如：有一位老師在口袋中放十枚迴紋針，執行一次練習機

會，就將一枚迴紋針從口袋中拿出來放入另一個口袋。

其二是幫助老師評量幼兒的學習結果，以提供老師在做教學決定時的參考。第 4 章中蒐集資訊的方法可供參考，第 32 至 36 頁也有對這些方法的討論。選擇資訊蒐集的方法應考慮方便性，而連續又有系統的資訊蒐集才能有效地成為老師的參考資料。

●● 摘要 ●●

嵌入式學習的教學策略能自然地融入教室中的活動和作息，也易和幼兒的興趣與喜好結合。然而，嵌入式學習的意義不僅在於計畫活動而已，它須緊密地和幼兒個別化目標結合，對幼兒學習新技能產生意義。嵌入式學習機會的策略即是將幼兒個別化目標與教學更緊密的連結。若是幼兒不能經由嵌入式學習中獲得進步，則須進一步考慮下一章中的焦點行為教學策略。

7
CHAPTER

幼兒焦點行為的教學策略

　　有些幼兒需要明確直接的教學輔導策略來幫助他們參與教室中的活動。面對幫助需要較多行為處理的幼兒，老師需要更仔細地計畫教學策略，前面章節中策略使用頻率必須增加，並且有系統地執行。本章所述的幼兒焦點行為的教學策略（CFIS）的介入程度與前述之策略相較，其介入強度較高，目的在於幫助幼兒能在教室活動中更恰當地參與，以增進幼兒個別化需求的學習（Wolery & Wilbers, 1994）。以下的內容重點即是詳述幼兒焦點行為教學策略的定義、內涵，以及使用策略的時機和方法。

●● 何時使用幼兒焦點行為的教學策略 ●●

　　當老師和專業團隊人員確定幼兒需要學習某些特定的技能和概念時，則可將幼兒焦點行為的教學策略融入在幼兒主動開始或成人引導的活動中。例如：Samisha 需要練習使用助行器或藉著扶家具在教室中走動；Drew 需要學習在老師示範下玩建構玩具。

　　老師或專業團隊人員必須留意在互動情境中使用此策略。而在互動

成人	幼兒	成人
「Samisha，請 你 走到點心那邊。」	Samisha 用助行器 走到點心桌旁。	「好棒耶！Samisha，來坐這裡 吧。」成人對 Samisha 微笑，拍 拍她的肩膀。
成人用積木搭建一 個簡單的組合體， 然後對 Drew 說： 「Drew，你 也 做 一個和我一樣的房 子。」	Drew 把兩塊積木 疊在一起。	「做的很好喔。」成人在 Drew 的獎勵卡上畫一個記號，然後等 待 Drew 開始玩積木。

情境中的行為順序，老師必須加以事前思考計畫。表 7-1 說明不論是幼兒或成人開始的引導，都可以加入幼兒焦點行為的策略，並且以互動輪流的方式將策略融入在情境中。

基本步驟

使用幼兒焦點行為之教學策略原則如下：

- 一般幼兒在教室中不必特別學習的技能或概念，而特殊幼兒需要學習這些技能或概念時，老師即可考慮使用幼兒焦點行為的教學策略。Samisha 練習助行器，或是有些幼兒須練習擴大溝通系統，即是使用此策略的例子。

- 當幼兒需要學習某些基本技能或概念幫助他融合教室中活動時，也是使用此策略的時機（Bredekamp & Copple, 1997）。例如：共同注意力、模仿幼兒或成人、遊戲技巧、跟從簡單的指令等基本能力。

- 幼兒學習年齡合宜的獨立生活技能，例如：上廁所、教室常規的學習，即可運用焦點行為的策略。

・當老師或專業團隊人員使用課程調整或嵌入式學習成效不佳時，
　即可考慮幼兒焦點行為的教學策略。

幼兒焦點行為的教學策略基本步驟分述如下：
1. 澄清和確定學習目標和標準。
2. 蒐集幼兒基本能力的資料以及現狀能力程度。
3. 運用活動矩陣為幼兒選擇活動或活動時機。
4. 設計教學互動情境，撰寫教學計畫。
5. 執行教學計畫中的教學策略。
6. 蒐集幼兒每日的學習表現。

老師須留意最後一個步驟的密集度不同於課程調整和嵌入式學習，
也就是老師和專業人員需要每天蒐集幼兒的行為表現資料，以幫助老師
決定教學資源和介入時間的調整。而資料蒐集的方法可參考前面章節中
所提的次數紀錄、觀察紀錄或幼兒作品。

此外，幼兒焦點行為教學策略運用的時機也不同課程調整和嵌入式
學習，其教學情境須事前設計，老師可將教學情境設計在活動開始前或
活動歷程中。

●● 發展幼兒焦點行為之教學策略 ●●

不論老師將幼兒目標融入於活動或作息，亦或特別設計活動來教幼
兒，基本教學策略是一樣的。

幼兒焦點行為教學策略的類別分為三種：教學、提示和增強。

▢ 教學

教學為主的策略目的在於幫助幼兒瞭解該做什麼事，或是工作和活
動中的參與行為，也有可能是引導幼兒注意特定的素材。通常好的教學

表 7-2　正反教學策略之示例

正面教學	反面教學
「指出火車。」	「我看到好多漂亮的圖，你看到火車的圖卡了嗎？」（注意：幼兒回應這個問題的答案為：「有。」而不是指出火車。）
「Nhan，來和我們一起玩棒球。」	「Nhan，你看到有好多小朋友在玩棒球，你不是喜歡棒球嗎？那你想想現在要做什麼？」
自由活動時，Drew 在教室裡跑來跑去。老師跟 Drew 說：「Drew，你想玩感官遊戲還是積木？」	「Drew，不要再跑了，想想你要做什麼。你選擇一個活動去玩。」

策略具有以下的特質：

- 簡短。
- 清晰。
- 強調具體行為。
- 正向引導（例如：告訴幼兒做些什麼，而非阻止幼兒不去做什麼）。

表 7-2 提供教學的實例參考。

提示

提示（prompt）的功能是幫助幼兒減少錯誤反應，提高正確反應的機會。較常被使用的提示策略包括：(1)協助；(2)即時抽離協助（幫助幼兒獨立表現行為）；(3)加入增強。

漸進式引導

老師提供幼兒需要的最少協助，而且老師即時抽離協助，幫助幼兒能獨立地完成工作或表現技能。

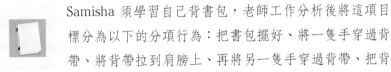

Samisha 須學習自己背書包，老師工作分析後將這項目標分為以下的分項行為：把書包擺好、將一隻手穿過背帶、將背帶拉到肩膀上、再將另一隻手穿過背帶、把背帶拉到肩膀上後調整書包和背帶的位置。老師以肢體協助 Samisha 做背書包的動作，以口語提示 Samisha 動作的執行。當 Samisha 記住這些動作並能自己背書包後，老師即不再提示 Samisha。

延宕

老師先讓幼兒先開始做一部分工作後再給提示，此種方法即是延宕策略（time delay）。延宕策略可用於幫助幼兒自發性的表現需求的表達、命名玩具、素材或活動。

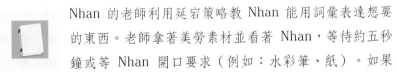

Nhan 的老師利用延宕策略教 Nhan 能用詞彙表達想要的東西。老師拿著美勞素材並看著 Nhan，等待約五秒鐘或等 Nhan 開口要求（例如：水彩筆、紙）。如果 Nhan 沒有開口要求，老師提醒他：「告訴我你想要什麼。」

而延宕策略也可用於幫助幼兒表現非口語的反應。

如果 Samisha 總是等老師幫她背書包，老師可使用延宕策略。老師在幼兒工作櫃旁提醒 Samisha：「現在來背書包。」老師等待約三秒鐘並看著 Samisha。如果 Samisha 開始行動，老師則對 Samisha 微笑並提供適當的協助。如果 Samisha 只是等老師幫她做，那麼老師必須給她更多的提示：「Samisha，背上書包。」然後再等三秒鐘看看 Samisha 的反應。

倒返連鎖

倒返連鎖的用意是老師提供提示或協助，讓幼兒瞭解和練習完成工作的全部步驟。

Dolores 和 Maggie 老師運用倒返連鎖的方法教 Tina 拉拉鍊。首先，Dolores 和 Maggie 老師幫 Tina 套拉鍊頭、完成拉鍊。接著她們讓 Tina 自己壓好拉鍊頭。最後她們讓 Tina 獨立拉上拉鍊，自己完成所有的步驟。

增強

從研究與實務經驗中證明增強策略的運用可以幫助幼兒學習。教學提示發生於幼兒行為表現之前，而增強則是發生於幼兒行為表現之後。正增強的使用是本書中所強調的增強策略。

正增強

正增強（positive reinforcement）的目的在於增進期望行為的發生。增強策略可以很簡單又自然地在教育情境中運用。例如：一位幼兒想要玩球，老師拿球給他（她）後說：「球在這裡喔，拿去玩吧。」而具體

的增強更能鼓勵幼兒繼續表現期望行為，因此，下面的例子比上述的例子更具體增強幼兒的行為：Tina 自己把衣服的鈕子扣好，老師馬上對 Tina 說：「啊，Tina，你自己扣鈕子耶。」然後在 Tina 的獎勵卡上貼一張貼紙。

　　正增強的使用必須考慮幼兒的特質，以及使用正增強的時機。雖然老師運用稱讚、鼓勵、微笑等增強策略，的確能夠增強幼兒的行為表現，但是並非適合所有的幼兒。老師必須檢視增強策略對幼兒行為表現的效果，再決定何種策略適合幼兒。

區辨行為

　　區辨行為（differential reinforcement of other behavior, DRO）的功能在幫助幼兒瞭解期望行為為何。老師可運用此策略幫助有行為問題的幼兒減少問題行為的發生，並提供期望行為的模仿。例如：一位高活動量的幼兒總是不斷換角落，在角落中也無法參與活動，老師決定運用區辨行為策略，也就是當幼兒確實停留在活動中並參與遊戲時，老師即告訴他這樣的行為表現很好。

同儕策略

　　同儕策略的運用可解決老師無法時時兼顧特殊幼兒，而同儕即成為特殊幼兒重要的協助資源。以下是同儕策略的運用原則：

- 同儕須清楚「如何做」。例如：特殊幼兒的個別化目標是「跟隨指示到戶外」。協助特殊幼兒的同儕就必須知道從教室到戶外的銜接活動流程。
- 同儕必須知道「做什麼」。老師必須向協助的同儕說明幫助特殊幼兒時要做些什麼。例如：老師說明完整的作息流程，而同儕只須協助特殊幼兒做不到的部分。一位特殊幼兒在老師提示下可以辨認自己的工作櫃，但是卻不會在出戶外之前穿上外套。於是老

師告訴協助他的同儕，只須幫忙他把外套穿上，不須幫他找工作櫃或帶他去工作櫃。

- 由於不只一人的同儕參與協助，老師在安排協助同儕時，盡可能避免只安排一位同儕，應安排多位同儕的參與協助特殊幼兒的工作，否則很可能會造成同儕對協助工作的厭倦。

- 肯定同儕的協助。老師的肯定是運用同儕策略的催化劑，藉由公開的表揚、讚美、擁抱或輕拍肩膀，或是提供特別的活動，都是增強同儕協助特殊幼兒的動力。

- 同儕須學習認知特殊幼兒不是完全的被幫助者。老師須小心不要使同儕在協助時，認為特殊幼兒什麼都不會。在適當的時機，老師可以特別提出特殊幼兒能夠獨立完成的事，或是他（她）的優點長處。老師若是發現同儕幫忙太多或幫特殊幼兒已經會做的事，則應適時地介入引導。

- 同儕策略結合課程調整策略。老師可運用分組、夥伴等方法，讓同儕在活動中協助特殊幼兒。

　　第 4 章中的表格提供老師設計計畫教學情境和策略的運用，老師也可以運用「嵌入式學習一覽表」來做為教學計畫的藍圖。重點是老師必須清楚教學步驟，也必須每天蒐集幼兒的行為表現資料。

●●● 運用幼兒焦點行為策略之提示 ●●●

　　以下是運用幼兒焦點行為策略的重要提示，附錄 B 提供其他資源可供老師參考。

作息

　　許多老師會發現很難在連續的教室活動中，只針對一位幼兒的行為

加以介入，因此老師需要更有效地運用時間，才能在活動作息中引導特殊幼兒。

- 掌握除了特殊幼兒之外的其他幼兒獨立進行活動的時間。這些時段有可能是自由活動的中後段時間、戶外遊戲時間或是點心時間。
- 選擇在一個特殊幼兒感到有趣或喜愛的活動之後再進行教學。
- 避免選擇在特殊幼兒喜愛或能夠參與的活動中進行教學。
- 教學時間不必太長，但須持續維持。

選擇素材

當老師為幼兒選擇素材須注意以下四點：

- 選擇幼兒生活中熟悉的素材。
- 使用符合幼兒發展的素材。
- 運用多元素材。
- 使用合乎幼兒學習目標和幼兒喜歡的素材。

引發動機

對某些幼兒而言，需要增強他們學習動機的動力。以下四點可使焦點行為教學多一些樂趣：

- 發現能夠引發幼兒動機的事物。老師須觀察幼兒喜歡的增強為何，有可能是物質性增強，也可能是社會性增強。
- 在教學過程中運用增強物為正增強。
- 有系統並規律地提供幼兒增強物，以維持幼兒的學習。
- 若是不只一位幼兒參與活動，老師須確定所有的幼兒都喜歡這個活動。

☐ 監督進步

　　固定持續地蒐集幼兒學習表現的資料，對老師和其他專業人員在做教學決定時具有實質的意義。班級老師可分工蒐集評量資料，例如：其中一位老師或助理老師在進行教學活動時，另一位老師則負責記錄幼兒的學習狀況。

●● 摘要 ●●

　　本章的主旨是提供教師和專業團隊人員如何和何時使用幼兒焦點行為的具體策略。教師和專業團隊人員須依特殊幼兒的行為特質和學習目標，計畫設計策略的運用時機和內容。專業團隊的責任即是確定提供幼兒充分而適當的教學。

重要論題

8 CHAPTER

獨立的教室行為

　　本書前七章的主要內容是描述建構模式之內容與實務，而後續四章則是以建構模式應用在不同論題為重點。根據來自幼兒教育之研究、現場實務需求、老師們的回應，以下四項課程與教學範疇，是值得加以討論的論題，因為這些課程內涵對許多特殊幼兒來說，並非容易參與學習的部分。

1. 獨立的教室行為（independent classroom behavior）。
2. 發展合宜的教室行為（developmentally appropriate classroom behavior）。
3. 讀寫萌發（emergent literacy）。
4. 友誼和人際關係（friendships and relationships）。

　Tina 在社區中的啟蒙方案（Head Start）班級中能和其他幼兒一起玩，也可以參與教室中的活動。她的媽媽和老師對 Tina 的進步情況感到欣慰和高興。在 Tina 的幼稚園轉銜計畫中，Tamika（特殊幼教諮詢老師）將Tina 的獨立行為列為學習目標，因為 Tamika 觀察 Tina 在班級中隨時都有老師或同

儕協助她（銜接活動、完成工作、整理物品等）。為了使Tina能順利地適應幼稚園生活，她必須加強獨立行為的學習。

獨立行為包括以自己的能力做事、有自信心和有自立的能力；這些特質與學校和學業表現直接相關。另外，也是為學前階段幼兒長大後的職業生活表現基礎功能性技能奠定基石。總的來說，學齡前幼兒的獨立行為包括如下：

- 能獨立地從教室轉換至其他情境（例如：幼兒能不牽著老師的手，自己從教室走到戶外遊戲場）。
- 能管理自己和教室中的物品（例如：幼兒會自己掛外套、把書包放進工作櫃）。
- 能獨立完成發展合宜的工作。
- 能參與遊戲活動。
- 能主動參與發展合宜的團體活動。
- 能獨立完成自理活動（例如：穿脫衣服、上廁所、用餐、擦鼻涕）。

上述的獨立行為是大多數幼稚園和小學老師所重視的。在融合教育情境中，有許多機會讓幼兒學習和練習這些技能，以下的策略提供老師教學實務參考（其他有關幼兒獨立行為學習的訊息，可參考 Allen & Schwartz, 2001; Azrin & Foxx, 1989; Baker, 1997）。

●●● 獨立行為和技能之教學 ●●●

進行教學前須確定幼兒需要學習的獨立技能為何，因為獨立行為是透過在老師引導和指導下不斷練習而來的。老師也必須依照幼兒學習階段而進行教學，從初學到熟練之後，就須為幼兒設計類化和維持活動。

　　其次，老師須決定何時進行教學，設計教學活動時亦一併考量提供多樣的練習機會、系統化的減少協助等策略原則。老師可參考第 4 章中的步驟，為幼兒計畫學習活動。

　　一旦專業團隊人員決定幼兒的獨立技能學習目標，接著就須進一步評量幼兒需要多少協助支持，並瞭解目前幼兒在何種程度的協助下完成工作。特殊幼兒的獨立技能應以幼兒能自己完成工作的所有步驟為優先目標，然後，老師須確定幼兒需要多少成人或同儕的協助來支持幼兒完成工作。例如：如果老師站在幼兒身邊，幼兒能完成工作嗎？在工作過程中，老師需要告訴幼兒步驟和持續的鼓勵嗎？

　　老師在思考協助程度時，應考慮肢體支持和教學支持兩種類型對特殊幼兒的合適性。肢體協助（physical support）是指任何觸碰幼兒身體的協助（例如：握著幼兒的手行動），或是直接使用肢體動作協助幼兒完成工作（例如：幫幼兒開水龍頭洗手）。教學支持（instructional support）包括老師的指示、意見、稱讚和鼓勵。瞭解特殊幼兒現階段的協助程度，能幫助老師進一步思考，哪些獨立技能是幼兒可以進一步學習而達到獨立完成的目標；也是幫助老師思考，如何漸減對幼兒的協助來促進幼兒的獨立行為學習。

　　決定何時進行教學時，老師可運用活動矩陣來計畫。老師可安排個別教學或團體教學時間來訓練特殊幼兒的獨立技能。許多老師會習慣性協助幼兒，這往往是訓練效果打折的原因。老師可利用活動矩陣的圖表安排提醒自己避免過多的協助干擾幼兒獨立行為的表現。例如：幼兒已經會將自己的東西放進工作櫃，但卻總是站在工作櫃旁等人幫忙。老師則可在活動矩陣中安排自己迎接幼兒入園，而非站在工作櫃旁看幼兒擺放書包。另外，如果幼兒正在學習自己把書包放進工作櫃裡，那麼老師可安排自己站在工作櫃旁協助幼兒。

　　下一步驟即是實際進行獨立技能訓練，老師在開始之前應再仔細思考期望特殊幼兒學習的技能為何，這些獨立行為的表現應於什麼情境中

的哪些時機表現。此外,老師也需要再一次確定是否應準備某些引發幼兒行為表現的素材,而介入程度的遞減不代表鼓勵和讚美須撤除。若是特殊幼兒的獨立技能是下一階段就學環境所需的,老師最好花一些時間到幼稚園或小學教室中觀察,以進一步確定特殊幼兒的獨立技能學習目標能幫助他(她)適應新的學習環境。

另一方面,老師也須對特殊幼兒的家庭背景有所瞭解。不同的家庭文化和教養信念,對於幼兒的發展合宜獨立行為,會有不同的期望和價值判斷。因此,團隊成員對家庭教養信念的瞭解,有助於擬定特殊幼兒獨立行為的學習目標。

最後,老師在規劃教學時,應將作息活動中可能練習獨立行為的機會列入計畫中。特殊幼兒的獨立性應表現在不同的情境,因此,多樣化情境的練習機會對幼兒來說是必要的,如:在益智角時幼兒可獨自完成拼圖、配對遊戲;銜接活動時幼兒能夠自己依指示行動。一旦幼兒能學會獨立完成工作,他(她)的自信心和自立能力才會有機會發展建立。

Tina 的班級老師和學前特教諮詢老師發現,Tina 雖然可以藉著作息圖示而轉換活動,但是她的行動總是慢半拍,因而老師都得請同儕去牽她的手到下一個活動的地方。於是,老師們決定以一個新的介入策略來幫助 Tina。老師們告訴全班小朋友,每一個人都必須自己轉換活動,做到的小朋友,就可以選擇自己喜歡的活動。如果 Tina 是前幾位做到自己轉換活動的小朋友之一,她可以得到喜歡的增強物。一星期後,老師們發現這個介入策略對 Tina 產生了效果。

●●● 摘要 ●●●

獨立行為對特殊幼兒在課程活動的參與程度有直接影響。這些行為

不僅和幼兒個人需求的自理有關，也攸關幼兒在團體生活中的適應和人
際關係，幼兒在融合教育情境的活動參與狀況也直接受其獨立行為表現
影響。

　　特殊幼兒需要老師運用課程調整、重複練習、直接教學等方法，幫
助他們學習獨立行為。本章以建構課程模式來協助老師察覺自己的教學
行為，避免提供過多的協助而影響幼兒獨立行為的學習。

〜〜〜〜〜　表 8-1　支持特殊幼兒獨立教室行為的提示　〜〜〜

幼兒焦點 行為教學 策略 （CFIS）	教幼兒參與教室活動的遊戲技巧。 教幼兒參與教室作息的自理技巧；逐漸減少成人的協助來鼓勵幼兒獨立表現。 教幼兒逐步完成教室作息的步驟：放東西在工作櫃、準備去戶外或進教室、準備吃點心或收拾玩具；逐漸減少成人的支持協助以鼓勵幼兒獨立表現。
嵌入式 學習機會 （ELO）	提供幼兒練習教室作息的步驟練習機會。 將幼兒所須學習的獨立技巧融入在主題或方案活動中（例如：在「鞋子」的方案中安排穿鞋子的練習機會）。 設計一個「我會做」的盒子和合適的活動結合（例如：當幼兒完成日記圖後，將作品放入「我會做」的盒子裡）。
課程調整 （CM）	利用流程圖幫助幼兒記住和完成活動步驟。 將素材放置在幼兒可以自己拿到的地方。 允許幼兒用較多的時間自己完成工作。 利用圖示或物品幫助幼兒記得進行銜接活動。 利用圖示、標示或特別的容器來幫助幼兒獨立收拾玩具或工具。 運用幼兒喜歡的素材鼓勵幼兒參與角落活動。
優質的幼兒 教育環境	建立符合幼兒心理和生理發展的期望。 提供實驗新工作、素材和活動的機會。 提供幼兒獨立工作和遊戲的機會，及適合幼兒的協助。 提供幼兒固定的作息、例行性活動和團隊人員。 提供符合幼兒身體尺寸的設備和器材。

9

CHAPTER

發展合宜的教室行為

Grace Martin 利用暑假參加了為期一星期的工作坊,希望能透過進修增進對引導幼兒合宜教室行為的專業知能。然而,開學至今(11 月)她感到暑期工作坊所教給她的知能,對她班級經營的實際幫助並不多也不符實際。Grace 覺得花太多時間在維持紀律,而教學時間總是不夠。她不知道從哪一方面改善,也不知道有誰可以幫助她。

Drew 雖是自閉症患者,但他很喜歡上學,也喜歡學校裡的活動。令老師和 Drew 的爸媽較難處理的狀況,是Drew 從參與活動轉換到另一個活動時的堅持,尤其是當他投入在喜歡的活動時,老師很難讓他停下活動而順利銜接到下一個活動,Drew 通常會以哭鬧、發脾氣來表達他的情緒。但是只要能引導 Drew 到下一個活動,他就可以停止哭鬧,開始參與新的活動。Drew 的情緒和行為造成老師的困擾,也令班上的幼兒們不願意和 Drew 一起玩。Drew 的爸媽也和老師溝通 Drew 在家裡類似情況發生時,他們愈來愈難處理 Drew 的行為。爸爸媽媽和老師該用什

麼方法來幫助 Drew 學習銜接活動的合宜行為呢？

　　不論一般或特殊幼兒多少都有一些較難調適或不合宜的行為，在發展歷程中，幼兒從嘗試挑戰規定的界限和行為後果是所有幼兒必經過程。然而不可否認的是，特殊幼兒比一般幼兒更難學習合宜行為。

　　在本章中的實務建議提供老師一方面支持引導特殊幼兒合宜教室行為的學習，一方面則是減少問題行為的發生（Sandall & Ostrosky, 1999）。

　　本章所指的問題行為意為其行為的固執性會妨礙幼兒參與班級、社區和家庭活動，也被家長和老師視為問題的行為。這些策略乃整理自現場經驗和相關研究的文獻資料。

●●● 正向行為的支持 ●●●

　　正向行為支持（positive behavioral support, PBS）是一種行為改變的取向，其重點在於引導合宜行為的發生，同時預防和減少問題行為的發生，其主要目標是增進幼兒在有意義的活動及融合情境中的參與。正向行為支持取向的基本假設是，問題行為其實是具有溝通功能的，也就是幼兒用這些行為來嘗試溝通某些訊息。有時候可能是幼兒想引起別人注意，或是想要得到某些東西；也可能是想告訴別人不願意分享玩具。

　　正向行為支持取向的做法在於瞭解幼兒行為背後的溝通意圖，並且引導幼兒學習使用合適的方法來溝通，也讓幼兒瞭解不合宜的行為無法達到溝通的目的。

~~~~~~ 表 9-1　支持發展合宜教室行為之提示 ~~~~

幼兒焦點 行為教學 策略 （CFIS）	對尚未發展有效溝通方式的幼兒，老師須教幼兒表達需求和不滿情緒的合宜表達。 教幼兒以合適的語彙來解決問題。 教幼兒用合適的語彙表達情緒，並且學習使用正向的方法解決問題。 教幼兒以合適的方法（例如：拍別人的肩膀）來引起別人的注意。 教幼兒使用視覺提示方法來提醒自己解決問題的方法。
嵌入式 學習機會 （ELO）	使用計時器或個別化的圖示作息來幫助幼兒維持參與活動的時間。 有系統地教幼兒如何向同儕要玩具玩，而不用搶或粗魯的行為要玩具。 與同儕發生衝突時，有系統地教幼兒問題解決的技巧。 教幼兒使用合適的語詞表達喜、怒、哀、樂的情緒。 若幼兒參與計畫性活動，則給他（她）充分的正向回饋。
課程調整 （CM）	安排幼兒在小組和團體活動中有固定的座位。 使用圖示或其他視覺提示來提醒幼兒活動流程。 使用小地毯等方法幫助幼兒在固定範圍內工作。 安排合適的人數參與角落活動。 在角落中安排吸引幼兒的活動和素材。
優質的幼兒 教育環境	提供清楚且一致的作息。 使用簡單的教室規則。 設計合適的環境（包括清楚的角落安排）。 提供有趣、符合幼兒發展又耐用的素材。 提供多元動態和靜態均衡的活動。

●● 發展合宜的教室行為 ●●

發展合宜的教室行為包括以下的基本技能：

・能依循對個人要求的簡單指示。

・能依循對團體要求的簡單指示。

・能順利銜接活動（包括收拾物品）。

・遵行教室基本常規。

・以合適的方法表達和管理情緒。

・用合適且非暴力的方法解決同儕間的衝突。

・能在成人的引導要求停止非合宜的行為。

當老師面對減少或教導幼兒合適的行為時，首先必須思考為何幼兒會發生不合適的行為，然後思考以何種適合的行為取代不適合的行為。例如：Drew 有困難從一個活動轉換到另一個活動，有可能是因為他不懂為何需要停止正在進行的活動，而他也不知道下一個活動是什麼。老師和父母可使用圖片或符號的視覺提示，幫助 Drew 學習銜接活動該有的行為。

通常特殊幼兒的暴力行為（踢、打、丟東西、重擊等）是老師較難處理的部分；尤其是暴力行為有可能對其他幼兒的安全造成威脅時，老師須更加費心和積極地面對狀況，並有系統地加以介入輔導。

●●● 發展合宜教室行為之教學 ●●●

面對解決特殊幼兒的問題行為時，老師應以瞭解幼兒為起點，並提醒自己不是一種方法適用於所有的幼兒。老師最好能與其他專業人員及家庭成員（父母）一起討論方法和支持的策略（Melloy, Davis, Wehby, Murry, & Leiber, 1998）。此外，老師可利用「教室品質評量表」來確定教室環境能否充分支持幼兒學習發展合宜的行為。

有些幼兒可能需要物理環境的調整，有些幼兒則是需要視覺線索的提示來幫助他們減少困擾的行為發生。例如：Drew 需要明確的教學來幫

助他學習如何使用作息圖片。另外，有些幼兒是必須以明確直接的行為教導來讓他們學習合適的行為。預先的瞭解和準備對老師來說並不容易，但是預防或減少幼兒問題行為的發生，的確有助於老師經營正向氛圍的教室情境。

　　有系統地蒐集幼兒行為表現資料是決定教學策略的前置工作，也能提高老師解決問題的效能（Koegel, Koegel, & Dunlap, 1996）。此外，系統性的資料也是老師評量幼兒進步狀況的依據，幫助老師更精確地決定教學策略。

●● 問題解決架構 ●●

　　問題解決架構乃是以系統化的做法來處理特殊幼兒的問題行為，其主要步驟包括本書中所提出的仔細的評量、計畫和執行。此系統的內涵和做法與功能性行為評量（functional behavior assessment, FBA）很類似，並且符合 105-17 公法（Individuals with Disabilities Education Act (IDEA) Amendments of 1997）對行為問題介入的要求。

1. 確定問題行為。
2. 評量問題行為發生的時間和情境。
3. 評量沒有問題行為發生的時間和情境。
4. 評量問題行為發生前和發生後的情況。
5. 評量教室中的支持（例如：成人、教學、環境等支持）。
6. 評量教室中的阻礙。
7. 確定幼兒試圖用行為溝通的意涵。
8. 選擇介入策略。
9. 執行介入策略。
10. 監督幼兒的行為是否有所改變。
11. 監督執行與計畫的契合性。

功能性行為評量（FBA）的重點即是瞭解幼兒行為背後的溝通意圖（Davis, 1998），因此，行為的發生必有其溝通的目的和意涵。老師為有行為問題的幼兒擬定個別化家庭服務計畫或個別教育計畫時，應先為幼兒進行功能性行為評量，以增進介入執行的效能。

學區督學是老師諮詢法令要求的合適人選，功能性行為評量表格和介入設計，應可從諮詢督學獲得充分的訊息。

Grace 覺察自己同時間嘗試做太多不同的事，因而忽略了基本計畫和教室規劃。Grace 和她的團隊成員利用「優質教室評量表」來改變目前的狀況，他們決定執行下列三件事情：

1. 建立固定的作息並且確實執行。製作圖示作息，並教幼兒如何準備下一個活動。
2. 提供更多的角落選擇，並且限制每個角落中的幼兒人數。
3. 增加對幼兒正向的讚美和言語支持。

二個星期之後，Grace 發現幼兒們能知道和掌握教室作息，也比之前愉悅和不浮躁。Grece 為此感到很高興，並已著手計畫專業團隊的會議，也想了解是否需要更多的改變。

Drew 的老師為幫助他順利地進行銜接活動，製作了一張圖示作息表。銜接時間到時，老師帶 Drew 到作息表前告訴他下一個活動是什麼。二個星期之後，老師發現這個方法對 Drew 並沒有很大的幫助，於是決定用作息圖卡方法試試看。銜接時間時，老師把下一個活動的圖卡放在 Drew 的手中，告訴他活動是什麼。一星期之後，老師發現 Drew 已能順利銜接活動，於是老師也製作了一套圖卡讓 Drew 在家裡使用，並進行後續的評量成效。

10
CHAPTER

讀寫萌發

Samisha 下校車時手中拿著二張棕熊圖樣的書面紙，她很高興地告訴老師昨晚讀了二本圖畫書——*Big Red Barn* 和 *I Went Walking*。老師注意到 Samisha 的祖母將二本書名分別寫在書面紙上，而 Samisha 在二張紙上分別寫了自己的名字。Samisha 把裝了這二本書的書袋還給老師。

隔天 Samisha 選擇到佈置成診所的扮演角玩，另外二個小朋友坐在椅子上翻閱著雜誌候診，而 Samisha 拿著身體器官的圖文紙頁和助理老師玩扮演遊戲。角落活動結束後，幼兒和老師一起參與故事時間。這些活動都是班級老師為增進幼兒讀寫技能所設計安排的部分教室作息。

讀寫萌發（emergent literacy）是指發展成為一個閱讀者和書寫者的歷程，學齡前幼兒正處於此一發展時期。學齡前幼兒主要讀寫技能的發展任務包括口語技能、音韻覺識、文字的感知、興趣和概念知識（Adams, 1990; National Research Council, 1998, 1999; Neuman, Copple, & Bredekamp, 1999）。

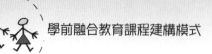

學習閱讀是指一個複雜的過程，幼兒必須瞭解語言的聲音系統以及語言的符號系統。有了此二者系統的概念，幼兒才能發展成為一個閱讀者。老師為幼兒擬訂語言和溝通的學習目標，是幫助幼兒發展讀寫萌發技巧的重要教學考量。

●●● 讀寫萌發對特殊幼兒之重要性 ●●●

一般而言，特殊幼兒多有語言和溝通發展遲緩，有些特殊幼兒沒有接受符合他們需求的讀寫技能學習，很可能是受到他們本身語言發展遲緩的影響。而幼兒發展和學習成為有效的閱讀者前，必須具備一些重要的先備技能。以下即從一般老師所關心的問題來闡述幼兒讀寫萌發的相關概念。

1. 我應該教幼兒閱讀嗎？

對學齡前的幼兒來說，老師不適合教幼兒正式的閱讀。然而，老師應為幼兒設計一個增進幼兒讀寫發展和知識的環境，為日後幼兒逐漸成為成熟的閱讀者奠定基礎。

2. 幼教老師應做些什麼來增進幼兒的讀寫萌發發展？

美國國家幼兒教育協會（National Association for the Education of Young Children, NAEYC）和國際閱讀協會（International Reading Association, IRA）的聯合聲明中強調「學齡前階段的主要目標是充實幼兒對文字的概念」（Neuman, Copple, & Bredekamp, 1999, p. 33）。幼教老師和主要照顧者可運用多元化的策略增進幼兒讀寫概念和知識。本章提供的策略包括：(1)設計讀寫角；(2)營造豐富的讀寫遊戲情境；(3)融入讀寫在其他活動中。本章也結合課程調整和嵌入式學習機會二個面向來支持特殊幼兒讀寫萌發的發展和學習。

3. 特殊幼兒的讀寫萌發為何？

語言和溝通發展遲緩占特殊幼兒障礙類別的大多數。雖然口語表達

 表 10-1　支持讀寫萌發的重要特質

幼兒有舒適的坐姿空間（例如：小沙發、懶骨頭座椅）

成人和幼兒有共坐的空間

不同類型的書（例如：有聲書、字母書、感官書、兒歌書；重複句型的
　書；有關特殊幼兒的書；多元文化的書）

平均一位幼兒有五本書並可輪流讀到不同的書

聆聽角（放置錄音機、耳機、卡帶）

書寫角（放置幼兒的日記、書寫素材）

幼兒自製書

修補書的素材盒

安排幼兒個別閱讀和為幼兒朗讀的時間

有意義的張貼文字在教室裡

家長參與讀寫活動

設計借書回家的流通

成人和幼兒能有意義地交談

老師和幼兒玩文字和聲音的遊戲（例如：兒歌、名字節奏）

能力的提升是大部分幼兒的學習目標，但是，語文經驗和讀寫萌發的概
念和知識應不只限於口語表達。豐富的語文或讀寫經驗是幼兒發展為閱
讀者和書寫者的途徑。而認知發展遲緩、感官知覺障礙以及其他障礙的
幼兒，同樣需要早期讀寫經驗，以建立他們未來讀寫能力的基礎。課程
調整和嵌入式學習的策略可結合幼兒的需求，並運用如大字書、錄音
帶、電腦或初級點字書等，在活動中讓幼兒學習讀寫萌發的技巧。

　　表 10-1 提供老師評量支持幼兒讀寫萌發發展的重要情境特質。老師
可依教室情境參考或調整、改變做法。

●● 設計讀寫角 ●●●

　　讀寫角（literacy centers）的主要目的是為增進幼兒讀寫概念的發
展，角落中的素材提供幼兒有意義地與文字互動的機會。此外，讀寫概

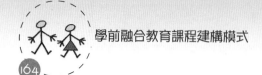
念的範疇還包括對印刷文字的目的和功能之瞭解，以及對傳統印刷文字
的知識。幼兒從閱讀經驗中瞭解書頁的連續關係、從左到右以及從上到
下的閱讀順序。幼兒也從模仿和扮演讀寫行為中，逐漸瞭解傳統印刷文
字的意義和功能。

讀寫角應包括聽、讀、寫三種經驗，幼兒在角落中能體驗這三種經
驗的樂趣。角落中的書籍應考慮文化的合宜性和類別的多樣性。老師安
排書籍更替時，可以每位幼兒每次輪替時有五本書可閱讀為考量原則，
書籍定期更換可讓幼兒保持對書籍的新鮮感和閱讀興趣。

閱讀區的氣氛以溫馨和令幼兒感到親近為設計原則。老師可以安排
適當的空間讓幼兒可單獨或和朋友一起閱讀，也應考慮老師可以和一位
或數位幼兒一起閱讀的空間。適合幼兒的桌椅也是必需的擺設，幼兒可
坐在椅子上閱讀、聽故事錄音帶、寫寫畫畫日記。小白板和字母吸鐵也
是不錯的素材，幼兒可以玩吸鐵來學習拼字。

書寫區中的素材，包括每位幼兒的日記、紙張、鉛筆、彩色筆、蠟
筆、彩色鉛筆等。另外，老師也可鼓勵幼兒自己製作小書，利用描字板
練習寫字；若是空間許可，每位幼兒可有一個信箱，幼兒可以互相寫信
或留話給彼此。

而聆聽區的素材包括錄音機、耳機、書和故事錄音帶。如果班級中
有非英語為母語的幼兒，老師也可邀請其家長錄製以其母語唸讀故事的
錄音帶，讓幼兒有機會在教室中也能接觸家庭中使用的語言。

●●● 營造豐富的讀寫遊戲情境 ●●●

除了書籍和讀寫角之外，老師也應將對幼兒有意義的符號和文字佈
置在教室中，例如：每天張貼當日小幫手的名字、出席狀況表、菜單、
留言箱、洗手步驟等。在不同的角落中融入讀寫素材也是必要的設計。
舉例來說，扮演角中放置電話簿、雜誌；積木角中擺設有關房屋、工程

的書籍或藍圖；美勞角中可安排放置顏色、形狀的書。幼兒搭校車時，在車上播放故事錄音帶。

老師和幼兒一起參與讀寫活動能提升幼兒讀寫學習的效果（Neuman & Roskos, 1993）。老師於午餐前請一位幼兒唸當日菜單、協助幼兒寫購物單、扮演遊戲時和幼兒一起看人體構造圖等，都是讓老師和幼兒共同參與讀寫遊戲的機會。不同角落中也可安排鼓勵幼兒書寫的素材，例如：在扮演角中的電話旁放一本留言便條紙，或是在餐廳的扮演情境中準備點菜單，在郵局的扮演情境中擺放信封等。

讀寫融入日常生活

鼓勵特殊幼兒參與讀寫萌發的活動往往需要老師運用策略。有些幼兒可以自然地參與讀寫活動，有些幼兒則須藉由老師設計的活動來學習。第 6 章的嵌入式學習機會策略即可成為和讀寫萌發活動相結合的策略，讓幼兒從透過設計的活動中提升讀寫萌發的發展。

讀寫萌發的活動可於大團體活動、自由活動和小組活動中進行。這些活動包括閱讀書籍、字母活動、音韻覺識的活動和延伸活動。

與幼兒共讀

NAEYC/IRA 之聯合聲明中提出為幼兒朗讀（read aloud）是鼓勵幼兒讀寫萌發知識探尋的最重要活動。而單純的朗讀難引起幼兒的興趣，建議老師結合說故事技巧為幼兒朗讀書籍。

- 安排每天二至三次的朗讀時間。朗讀時間不宜太長，可分散安排於早上點心時間之前或之後，或是放學回家之前的時間。朗讀故事的時間宜固定，好讓幼兒知道何時老師會為他們朗讀故事。
- 用心選書。老師宜用心選擇不同類別的書籍朗讀給幼兒聽，以幫助幼兒瞭解印刷文字的多重使用方式。
- 朗讀與主題相關的書籍。選擇適合幼兒年齡以及和主題相關的

書，可延伸幼兒在主題活動中的學習。

· 朗讀運用聲音變化的書。或許朗誦、重複朗讀蘊涵聲音變化的書，是增進幼兒音韻覺識最自然的方法。兒歌、押韻文體、童詩等，都是讓幼兒能夠實驗聲音遊戲的素材，老師為幼兒朗讀時，也可鼓勵幼兒加入朗讀，聽與說結合的經驗能提高幼兒對玩聲音的興趣和對聲音的注意。

· 朗讀有重複句型和可預測性的書。重複句型和可預測性的故事，能讓幼兒比較容易參與共讀的活動。

· 讓幼兒知道老師認為閱讀和故事時間很重要。老師透過固定的故事時間安排，以及放置朗讀過的書籍在讀寫角的做法，讓幼兒瞭解朗讀故事在班級中是一個重要的作息活動。

· 設計朗讀的開場和結束。老師可以介紹書中重複的字詞、句型，以幼兒看封面猜故事主角等方式開場。閱讀故事結束後，老師可用提問、分享感受、談談主角的遭遇、重述故事等方法，作為朗讀活動的結束。

此外，教導幼兒如何使用書籍也是必要的。幼兒須學習如何拿書、翻頁、歸位、分辨封面和封底。修補損傷的書籍也是支持幼兒學習合宜使用、保護書籍的教室活動。

當為團體幼兒朗讀時，老師可參考以下的基本原則：

· 有表情地朗讀。

· 保持所有幼兒都能看到書的拿書位置。

· 指出書頁中的物品，有時候可請幼兒指出。

· 有時用手指邊指著字邊唸出來（幼兒可從手指指字的動作瞭解閱讀方向是從左至右，由上而下）。

字母和音韻覺識活動

字母的認識會影響幼兒日後的讀寫發展（Stevenson & Newman, 1986）。幼兒認識字母可幫助他們比較有效的習得音韻敏銳度，並且瞭解字母和聲音的關係（Stahl & Murray, 1994），也是閱讀的基本技能。

閱讀字母書能增進幼兒對字母的知識，也能幫助幼兒提升音韻覺識的程度（Murray, Stahl, & Ivey, 1996）。老師在教室中擺設字母遊戲素材，讓幼兒每天都有機會操作或玩字母或拼字遊戲。另外，老師為幼兒朗讀兒歌、韻文、唱節奏清楚的歌曲、玩聲音遊戲等，都是發展合宜的音韻覺識活動。

●● 摘要 ●●

本章整理摘要幼兒讀寫萌發的發展任務、相關研究和教學實務。閱讀的學習是頗為複雜的歷程，對幼兒發展為閱讀者和書寫者而言，早期的閱讀經驗是非常重要的基礎。老師建構和創造一個豐富的讀寫環境，有利於幫助處於讀寫萌發期幼兒的語言和讀寫技巧發展和學習。

表 10-2　讀寫萌發教學技巧之提示

幼兒焦點行為教學策略（CFIS）	有系統地教幼兒注視書籍，並配合提示和增強。 以直接教學和漸進式引導教轉銜到幼稚園的幼兒寫自己的名字。 運用延宕策略來鼓勵幼兒看自己喜歡的書。 利用環境文字為素材，配合分散式教學和配對技巧進行教學。 運用視覺支持策略和系統化消除提示的方法來教幼兒回答有關故事的問題。
嵌入式學習機會（ELO）	在幼兒喜歡的活動中加入用描摩文字板寫字的練習，例如：幼兒選擇電腦角，在進入角落前用描摩板寫自己的名字。 透過故事閱讀和提出幼兒有興趣主題的問題，增強幼兒語言的理解。 在藝術活動中加入幼兒對環境文字的敏覺程度教學（例如：利用雜誌和報紙創作剪貼作品）。 在建構遊戲中配合字母積木的素材，引導幼兒讀出字母或單字。 運用聲音配對遊戲增強幼兒聆聽技巧。 利用塗鴉板讓幼兒練配對和圖樣的寫前技巧練習。
課程調整（CM）	運用受到幼兒喜愛主題的書籍。 改良書寫素材（例如：鉛筆上裝海綿夾）。 調整書寫表面（例如：傾斜白板、桌上型畫架）。 在不同角落中放置書寫素材（例如：扮演角中有餐廳的點菜單，科學角中有紀錄單，操作角中的紙筆讓幼兒可以描摩積木形狀）。 利用進角落前的簽名和工作分配的名條來增強幼兒認識自己的名字。
優質的幼兒教育環境	建構豐富的讀寫角落，包括（但不限於）圖書角、書寫角、扮演角。 營創充滿文字的教室。 安排固定的故事時間。 落實增強幼兒音韻覺識的活動，包括韻律、節奏和聲音的覺識。

11 CHAPTER

友誼與社會關係

Nhan 在班級中會表現出對同儕有興趣的樣子，但是卻不會和同儕互動。班上的小朋友並不介意 Nhan 在他們身邊，可是他們和 Nhan 也沒有建立情誼。Nhan 的老師開始關心 Nhan 有愈來愈多的時間是單獨遊戲，然而他們還不確定做什麼對 Nhan 有幫助。

Alvarez 是第一年任教於學前融合教育班級的老師。當他在碩士班進修時，即對幼兒的社會發展有濃厚的興趣，Alvarez 很想在班上實施增進同儕互動的教學，可是他每天都有許多行政工作需要處理。他正思索著要如何開始教學呢？

幼兒的社會關係與三方面的概念有關：友誼（friendships）、社會接納（social acceptance）和社會拒絕（social rejection），這三方面連結成幼兒在融合教育中的社會關係。

在幼兒階段，朋友的意義即是願意和喜歡一起玩，而且雙方的意願

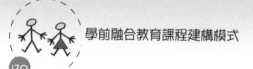
與喜歡程度都高於選擇和其他同儕一起玩。友誼是雙方的，朋友之間的互動啟始也是均等的。社會接納是指班級中其他幼兒願意和某一位幼兒玩，願意和他坐在一起或是對他微笑。友誼是一種主動關係，而社會接納則是一種被動關係。再者，社會拒絕是指班級中的幼兒不願意和某一位幼兒玩，或是要求幼兒離開遊戲活動，也不答應幼兒加入活動。若是被社會拒絕的幼兒，通常很難在班級中有朋友。

建立正向同儕關係是幼兒期的關鍵發展任務。從同儕關係網路中，幼兒在溝通、社會、遊戲、認知等發展都能獲得正面的影響。若是幼兒能交到朋友，通常會有較佳的社會發展和學業學習。反之，若是幼兒為被同儕拒絕的，則有較差的身心健康和學業表現（有關友誼的探討資料可參考 Meyer, Park, Grenot-Scheyer, Schwartz, & Harry, 1998）。

●●● 建立友誼和社會關係的技能 ●●●

幼兒的友誼是建立在許多互動機會的基礎上。這些互動有簡單的（例如：吃點心時傳物品），也有複雜的（例如：合作完成工作）。老師在引導幼兒互動中扮演了重要的角色，須將互動的元素和可能的機會融入在環境和活動中。此外，老師的角色是支持和引導，但並非完全介入或掌控情境中幼兒的互動。

然而，環境和活動仍不能完全地支持幼兒發展正向的社會關係，老師仍須在不同情境中教幼兒社會技巧。以下的社會技巧是幼兒期的重要內涵，此外，老師應視幼兒和環境條件增加合宜的社會技巧。這些技巧可融入於課程，讓幼兒比較自然地學習。

- 能注意他人
- 分享
- 幫助他人
- 能堅持和努力維持社會互動

- ·能和他人組織遊戲
- ·能加入遊戲
- ·協商
- ·解決衝突

增進友誼和社會關係的策略

老師和專業團隊可利用第 4 章的內容指引來確定幼兒的學習目標，計畫介入的程度、決定何時及何處介入，以及評鑑介入成效。簡言之，團隊成員須選擇支持幼兒的程度，不論是運用課程調整，嵌入式學習機會或焦點行為策略，都應該以幼兒需求為考慮的原則。

教室中的互動機會是支持幼兒社會關係發展的最重要元素，因此，老師計畫活動之前應先確定教室情境是否具有互動特質。有些方法能將教室成為互動性高的遊戲情境，例如：為幼兒選擇能產生互動的素材（球、扮演遊戲）；然而，即使是幼兒單獨玩的素材（例如：拼圖、電腦遊戲），老師也可將其設計在互動的活動中來供幼兒遊戲使用。另外須提醒老師，若是幼兒的社會技能是需要透過教學來學習的，老師應將學習目標融入在活動中，以建立幼兒對互動的興趣和經驗。

計畫性活動也是融合社會技巧學習的佳機。例如：老師可安排幼兒以配對或小組的方式一起進行建構、美勞或是小書創作的活動。社會能力發展較弱的幼兒通常比較難在開放性活動中和同儕互動，因此，老師有時須在活動中融入視覺提示來引導幼兒互動。舉例來說，在扮演角中老師張貼照片，可成為幼兒開始扮演的角本引導。

另外，利用例行性活動來增進幼兒社會關係。其中一種簡單的方法是改變幼兒的歌曲、兒歌的內容，或是改變遊戲的玩法來鼓勵幼兒之間的互動，此種方法稱之為團體友誼活動（group friendship activities）（Cooper & McEvoy, 1996）。

幼兒之間友誼的建立奠於經常性的社會互動和維持長時間的社會關

係，因此，教室環境（室內和戶外）中的各樣活動都應設計幼兒互動的可能機會。Odom 和他的同事（1999）提供了具體的建議來幫助幼兒社會關係和友誼的發展。此外，Hanson 和 Beckman（2001）也提出父母幫助幼兒在鄰居和社區生活中認識朋友的方法。

Nhan 的專業團隊人員經過仔細地檢視目前 Nhan 的狀況後，決定做以下二件事情。第一，當 Nhan 上語言治療課時，老師安排同儕共同參與。第二，老師安排 Nhan 喜歡的小朋友和他坐在一起吃點心、參與團體活動，也在戶外活動時間加入 Nhan 喜歡的社會性活動，他們在執行後發現，Nhan 開始和班上一些幼兒有更多的互動了。

Alvarez 老師決定運用團體友誼活動來提升幼兒社會發展。每天團體活動時，他讓幼兒互相握手、打招呼，或是傳玩具。實施團體友誼活動一段時間後，Alvarez 老師在自由活動中觀察到更多幼兒願意一起玩，也沒有幼兒被其他小朋友拒絕。他對這樣的成效感到高興，也發現有效策略的實行不像他想像中的困難。

表 11-1 的內容提供運用建構模式的架構，增進幼兒友誼和社會關係的教學建議。

表 11-1　引導友誼與社會關係的提示

幼兒焦慮 行為教學 策略 （CFIS）	在幼兒喜愛的活動中有系統地教幼兒輪流。 教一般幼兒如何開始和維持與特殊需要幼兒互動。 教特殊需要幼兒禮貌性地要求加入正在進行的活動。 在遊戲活動中運用直接教學法教特殊幼兒回答問題。 在有同儕的特定遊戲情境中教遊戲技巧，例如：玩娃娃、 玩汽車和卡車。
嵌入式 學習機會 （ELO）	在扮演活動中安排特定的角色（例如：超商服務員、顧 客、結帳員），並分配角色。 設計團體友誼活動，例如：在音樂律動活動中互相擁抱。 在美勞小組活動中刻意擺設不夠充分的材料，鼓勵幼兒以 分享和輪流的方法來使用材料。 配對幼兒在自由選擇活動中一起玩玩具和遊戲。 安排幼兒兩兩一起完成教室中的工作。
課程調整 （CM）	選擇並擺設增進社會互動的材料和器材（例如：拖拉車、 木偶、桌上遊戲）。 仔細安排小組活動的組成幼兒以增強社會互動。 運用視覺支持來幫助幼兒解決衝突。 銜接活動時安排幼兒配對進行。 團體時間和點心時間時，讓幼兒分享和傳遞素材或點心。
優質的幼兒 教育環境	提供特殊幼兒觀察及與社會能力佳的幼兒互動機會。 計畫合作性活動。 利用教室環境鼓勵二位以上的幼兒一起工作或參與活動。 提供結構和非結構式的遊戲時間。 為幼兒朗讀和討論有關友誼、問題解決、衝突解決的書 籍。

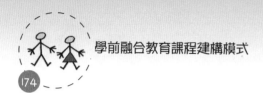

12
CHAPTER

結語

　　融合的精義在於多元社會的歸屬和參與，不論從研究或社會觀念的方面來看，特殊幼兒接受融合教育的服務已蔚為主要的服務方式。許多研究證實特殊幼兒和一般幼兒在融合教育情境中一起學習，對幼兒的發展和學習都有正面的影響和成效（Odem, 2000）。然而，研究也發現對於融合教育的實施困難和挑戰有多方面的討論，其中一項挑戰即是如何在不干擾教室社會生態和課程統整的條件下，提供特殊幼兒符合個別化需求的教學。

　　本書提出的建構模式課程即是提供老師具體可行的策略，以幫助老師解決融合教育教學的困難。書中具體策略包括幫助老師選擇和運用適合程度的協助、專業團隊共事的方法、運用有效的教學策略，重點目標即是幫助幼兒學習對他們重要且有意義的目標行為。

　　特殊教育之基石是特別化的教學，而融合教育中也不能缺少特殊化的教學。換言之，特殊幼兒的教育目的即是加強幼兒的發展，經過教學而讓幼兒學習新技能，彌補幼兒發展的遲緩，以及預防二度障礙的發生。而在幼兒階段，許多發展和學習任務都是重要或基礎的學習，諸如與人溝通的技巧、早期讀寫的學習、如何交朋友、學習解決問題、建立

正向的學習和生活態度。融合教育之著重處亦是全人小孩的發展和學習。

　　融合教育並非單純的社會經驗,其價值彰顯於每一位幼兒的早期學習經驗都是重要的。幼兒的發展必須被培養,他們的經驗必須是符合發展程度和個別化需求的;基於此,幼兒才能在支持他們的環境中獲得有意義的經驗。

　　有效且成功的教學能促使幼兒習得有意義的技能和行為,也意味著幼兒能在教室中真正的學習和成長。建構式課程模式提供老師運用多層次的支持和教學,使老師能在融合教育情境中落實有效且成功的教學,以利所有幼兒的發展和學習成長。

參考文獻

Adams, M.J. (1990). *Beginning to read: Thinking and learning about print.* Cambridge, MA: The MIT Press.

Allen, K.E., & Schwartz, I.S. (2001). *The exceptional child: Inclusion in early childhood education.* Albany, NY: Delmar.

Azrin, N., & Foxx, R. (1989). *Toilet training in less than a day.* New York: Pocket Books.

Baker, B.L., & Brightman, A.J. (with Blacher, J.B., Heifetz, L.J., Hinshaw, S.P., & Murphy, D.M.). (1997). *Steps to independence: Teaching everyday skills to children with special needs* (3rd ed.). Baltimore: Paul H. Brookes Publishing Co.

Blachman, B.A., Ball, E.W., Black, R., & Tangel, D.M. (2000). *Road to the code: A phonological awareness program for young children.* Baltimore: Paul H. Brookes Publishing Co.

Bredekamp, S., & Copple, C. (1997). *Developmentally appropriate practice in early childhood programs.* Washington, DC: National Association for the Education of Young Children (NAEYC).

Bricker, D. (with Pretti-Frontczak, K., & McComas, N.). (1998). *An activity-based approach to early intervention* (2nd ed.). Baltimore: Paul H. Brookes Publishing Co.

Bricker, D., & Waddell, M. (2002). *Assessment, Evaluation, and Programming System (AEPS): Vol. 4. AEPS curriculum for three to six years.* (2nd ed.). Baltimore: Paul H. Brookes Publishing Co.

Cooper, C.S., & McEvoy, M.A. (1996). Group friendship activities: An easy way to develop the social skills of young children. *Teaching Exceptional Children, 28*(3), 67–69.

Davis, C. (1998). Functional assessment: Issues in implementation and applied research. *Preventing School Failure, 43,* 34–36.

Davis, M.D., Kilgo, J.L., & Gamel-McCormick, M. (1998). *Young children with special needs: A developmentally appropriate approach.* Needham Heights, MA: Allyn & Bacon.

Dodge, D., & Colker, L. (1992). *The creative curriculum for early childhood* (3rd ed.). Washington, DC: Teaching Strategies.

Filler, J. (1996). A comment on inclusion: Research and social policy. *Society for Research in Child Development Policy Report, 10*(2–3), 31–34.

Friend, M., & Cook, L. (2000). *Interactions: Collaboration skills for school professionals* (3rd ed.). White Plains, NY: Longman.

Giangreco, M., Dennis, R., Edelman, S., & Cloninger, C. (1994). Dressing your IEPs for the general education climate: Analysis of IEP goals and objectives for students with multiple disabilities. *Remedial and Special Education, 15,* 288–326.

Hanson, M.J., & Beckman, P.J. (2001). *Me, too!* (Vols. 1–6). Baltimore: Paul H. Brookes Publishing Co.

Harms, T., Clifford, R., & Cryer, D. (1998). *Early childhood environment rating scale* (Rev. ed.). New York: Teachers College Press.

Hohmann, M., & Weikart, D. (1995). *Educating young children: Active learning practices for preschool and child care programs.* Ypsilanti, MI: High/Scope Press.

Hunter, D., Bailey, A., & Taylor, B. (1995). *Zen of groups: A handbook for people meeting with a purpose.* Tucson, AZ: Fisher Books.

Koegel, L.K., Koegel, R.L., & Dunlap, G. (Eds.). (1996). *Positive behavioral support: Including people with difficult behavior in the community.* Baltimore: Paul H. Brookes Publishing Co.

McCormick, L., & Feeney, S. (1995). Modifying and expanding activities for children with disabilities. *Young Children, 50*(4), 10–17.

Melloy, K., Davis, C., Wehby, J., Murry, F., & Leiber, J. (1998). *Developing social competence in children and youth with challenging behaviors: From the Second CCBD Mini-Library Series. Successful interventions for the 21st century.* Reston, VA: Council for Children with Behavioral Disorders.

Meyer, L.H., Park, H.S., Grenot-Scheyer, M., Schwartz, I.S., & Harry, B. (Eds.). (1998). *Making friends: The influences of culture and development.* Baltimore: Paul H. Brookes Publishing Co.

Murray, B.A., Stahl, S.A., & Ivey, M.G. (1996). Developing phoneme awareness through alphabet books. *Reading and Writing, 8,* 307–322.

National Research Council. (1998). *Preventing reading difficulties in young children.* Washington, DC: National Academy Press.

National Research Council. (1999). *Starting out right: A guide to promoting children's research success.* Washington, DC: National Academy Press.

Neuman, S.B., Copple, C., & Bredekamp, S. (1999). *Learning to read and write: Developmentally appropriate practices for young children.* Washington, DC: National Association for the Education of Young Children (NAEYC).

Neuman, S.B., & Roskos, K. (1993). Access to print for children of poverty: Differential effects of adult mediation and literacy-enriched play settings on environmental and functional print tasks. *American Educational Research Journal, 30,* 95–122.

Odom, S.L. (2000). Preschool inclusion: What we know and where we go from here. *Topics in Early Childhood Special Education, 20*(1), 20–27.

Odom, S.L., Horn, E.M., Marquart, J.M., Hanson, M.J., Wolfberg, P., Beckman, P., Lieber, J., Li, S., Schwartz, I., Janko, S., & Sandall, S. (1999). On the forms of inclusion: Organizational context and individualized service models. *Journal of Early Intervention, 22,* 185–199.

Odom, S.L., McConnell, S., McEvoy, M., Peterson, C., Ostrosky, M., Chandler, L., Spicuzza, R., Skellenger, A., Creighton, M., & Favazza, P. (1999). Relative effects of interventions supporting the social competence of young children with disabilities. *Topics in Early Childhood Special Education, 19*, 75–91.

Odom, S.L., Peck, C.A., Hanson, M.J., Beckman, P.J., Kaiser, A.P., Lieber, J., Brown, W.H., Horn, E.M., & Schwartz, I.S. (1996). Inclusion at the preschool level: An ecological systems analysis. *Society for Research in Child Development Policy Report, 10*, 18–30.

Pugach, M.C., & Johnson, L.J. (1995). *Collaborative practitioners, collaborative schools.* Denver, CO: Love Publishing.

Sandall, S., & Ostrosky, M. (Eds.). (1999). Practical ideas for addressing challenging behaviors. *Young Exceptional Children Monograph Series, 1.*

Stahl, S.A., & Murray, B.A. (1994). Defining phonological awareness and its relationship to early reading. *Journal of Educational Psychology, 86*, 221–234.

Stevenson, H.W., & Newman, R.S. (1986). Long-term prediction of achievement and attitudes in mathematics and reading. *Child Development, 57*, 646–659.

Villa, R.A., & Thousand, J.S. (1992). Student collaboration: An essential for curriculum delivery in the 21st century. In S. Stainback & W. Stainback (Eds.), *Curriculum considerations in inclusive classrooms: Facilitating learning for all students* (pp. 117–142). Baltimore: Paul H. Brookes Publishing Co.

Wolery, M., & Wilbers, J.S. (1994). *Including children with special needs in early childhood programs.* Washington, DC: National Association for the Education of Young Children.

APPENDIX

空白表單

團隊工作計畫

日期：＿＿＿＿＿＿＿＿＿＿＿＿

團隊成員：＿＿＿＿＿＿＿＿＿＿＿＿＿　＿＿＿＿＿＿＿＿＿＿＿＿＿

　　　　　＿＿＿＿＿＿＿＿＿＿＿＿＿　＿＿＿＿＿＿＿＿＿＿＿＿＿

　　　　　＿＿＿＿＿＿＿＿＿＿＿＿＿　＿＿＿＿＿＿＿＿＿＿＿＿＿

引 導 者：＿＿＿＿＿＿＿＿＿＿＿＿＿

記 錄 者：＿＿＿＿＿＿＿＿＿＿＿＿＿

計 時 者：＿＿＿＿＿＿＿＿＿＿＿＿＿

工作項目	時間

問題解決工作單

日期：_____

團隊成員：_____ _____

_____ _____

_____ _____

問　　題：_____

解決方法：_____

工作內容	執行者	結束時間

結果：_____

_____

_____

_____

Building Blocks for Teaching Preschoolers with Special Needs by Susan R. Sandall and Ilene S. Schwartz with Gail E. Joseph, Hsin-Ying Chou, Eva M. Horn, Joan Lieber, Samuel L. Odom, and Ruth Wolery ©2002 by Paul H. Brookes Publishing Co.

優質教室評量表

日　　期：＿＿＿＿＿＿＿＿＿＿＿＿＿＿

班　　級：＿＿＿＿＿＿＿＿＿＿＿＿＿＿＿＿＿＿＿

團隊成員：＿＿＿＿＿＿＿＿＿＿＿＿　＿＿＿＿＿＿＿＿＿＿＿

　　　　　＿＿＿＿＿＿＿＿＿＿＿＿　＿＿＿＿＿＿＿＿＿＿＿

目　　標：＿＿＿＿＿＿＿＿＿＿＿＿＿＿＿＿＿＿＿＿＿＿＿＿

指標	是	否	不確定	實例
1. 幼兒是否大部分時間和其他幼兒玩和使用素材？				
2. 幼兒在一天的作息中，是否有多樣性的活動？				
3. 班級教師在一天的不同時間是否包含小組、團體和個別的活動？				
4. 教室裡的佈置是否有幼兒的原始圖畫作品、他們自己的文字和口述的故事？				
5. 幼兒的學習是否富含內在意義背景（例如：與他們的興趣和經驗相關）？				
6. 幼兒工作時是否有足夠時間玩和自由探索？				
7. 幼兒是否有機會到戶外玩和探索？				
8. 老師在一天中，無論是個別或小組時間，是否讀書給幼兒聽？				
9. 老師是否做課程調整去幫助那些領先或有需求的幼兒？				
10. 幼兒和其家庭是否感到安全？				
備註：				

Building Blocks for Teaching Preschoolers with Special Needs by Susan R. Sandall and Ilene S. Schwartz with Gail E. Joseph, Hsin-Ying Chou, Eva M. Horn, Joan Lieber, Samuel L. Odom, and Ruth Wolery
©2002 by Paul H. Brookes Publishing Co.

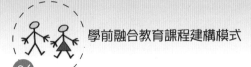

班級行動策略工作單

日期：_____

團隊成員：_____

指標	問題	我們可以做什麼？	誰來做？	什麼時候開始？

Building Blocks for Teaching Preschoolers with Special Needs by Susan R. Sandall and Ilene S. Schwartz with Gail E. Joseph, Hsin-Ying Chou, Eva M. Horn, Joan Lieber, Samuel L. Odom, and Ruth Wolery © 2002 by Paul H. Brookes Publishing Co.

幼兒評量工作單

日期：_____

教師姓名：_____　　　　幼兒姓名：_____

班級活動	班級期望	幼兒的表現層次
		良好 _____ 平均 _____ 再加強 _____
		良好 _____ 平均 _____ 再加強 _____
		良好 _____ 平均 _____ 再加強 _____
		良好 _____ 平均 _____ 再加強 _____

Building Blocks for Teaching Preschoolers with Special Needs by Susan R. Sandall and Ilene S. Schwartz
with Gail E. Joseph, Hsin-Ying Chou, Eva M. Horn, Joan Lieber, Samuel L. Odom, and Ruth Wolery　©2002 by Paul H. Brookes Publishing Co.

計畫工作單

日　　期：_____

教師姓名：_____　　　幼兒姓名：_____

這個計畫工作單將幫助你蒐集更多具體資料，為特定幼兒需要學習擬定教導計畫，融入作息，進行目標學習。

先使用幼兒評量工作單，以確認你認為需要加強學習的三個活動。一旦你確認問題需求，蒐集評量資料則是為幼兒擬定教學計畫的下一步（關鍵字：CM＝課程調整；ELO＝嵌入式學習機會；CFIS＝幼兒焦點行為的教學策略）

活動	需要學習的表現更詳細說明	你在當下做什麼？	課程教導的想法
			CM＿＿＿ ELO＿＿＿ CFIS＿＿＿ 敘述：
			CM＿＿＿ ELO＿＿＿ CFIS＿＿＿ 敘述：
			CM＿＿＿ ELO＿＿＿ CFIS＿＿＿ 敘述：

幼兒活動矩陣

日期：＿＿＿＿＿＿＿＿

教師姓名：＿＿＿＿＿＿＿＿　　　幼兒姓名：＿＿＿＿＿＿＿＿

關鍵字：CM＝課程調整；ELO＝嵌入式學習機會；CFIS＝幼兒焦點行為教學策略

Building Blocks for Teaching Preschoolers with Special Needs by Susan R. Sandall and Ilene S. Schwartz
with Gail E. Joseph, Hsin-Ying Chou, Eva M. Horn, Joan Lieber, Samuel L. Odom, and Ruth Wolery　　　©2002 by Paul H. Brookes Publishing Co.

教室活動矩陣

日期：＿＿＿＿＿＿＿＿

教師姓名：＿＿＿＿＿＿

關鍵字：CM ＝ 課程調整；ELO ＝ 嵌入式學習機會；CFIS ＝ 幼兒焦點行為教學策略

Building Blocks for Teaching Preschoolers with Special Needs by Susan R. Sandall and Ilene S. Schwartz
with Gail E. Joseph, Hsin-Ying Chou, Eva M. Horn, Joan Lieber, Samuel L. Odom, and Ruth Wolery　©2002 by Paul H. Brookes Publishing Co.

評鑑工作單

日期：_____

教師姓名：_____　　幼兒姓名：_____

需要加強	計畫	評鑑資料（週評鑑）
		次數 ____　文字記錄 ____　作品 ____ 此計畫可行嗎？　可以 ____　不可以 ____ 下星期要做些什麼？
		次數 ____　文字記錄 ____　作品 ____ 此計畫可行嗎？　可以 ____　不可以 ____ 下星期要做些什麼？
		次數 ____　文字記錄 ____　作品 ____ 此計畫可行嗎？　可以 ____　不可以 ____ 下星期要做些什麼？

Building Blocks for Teaching Preschoolers with Special Needs by Susan R. Sandall and Ilene S. Schwartz
with Gail E. Joseph, Hsin-Ying Chou, Eva M. Horn, Joan Lieber, Samuel L. Odom, and Ruth Wolery　©2002 by Paul H. Brookes Publishing Co.

嵌入式學習一覽表：_____

日　　　期：_____

團 隊 成 員：_____　　_____

_____　　_____

例行性活動：_____

目　　　標：_____

_____

做什麼？

說什麼？

如何回應？

需要什麼素材？

有多少練習機會？

星期一	星期二	星期三	星期四	星期五

APPENDIX

延伸閱讀

幼兒教育概論

Bredekamp, S., & Copple, C. (1997). *Appropriate practice in early childhood programs* (Rev. ed.). Washington DC: National Association for the Education of Young Children.

Decker, C.A., & Decker, J.R. (2001). *Planning and administering early childhood programs.* Columbus, OH: Merrill.

Gordon, A., & Williams-Browne, K. (1995). *Beginnings and beyond.* Albany, NY: Delmar.

Harms, T., Clifford, R.M., & Cryer, D. (1998). *Early Childhood Rating Scale* (Rev. ed.). New York: Teachers College Press.

Harms, T., Cryer, D., & Clifford, R.M. (1990). *Infant/toddler environment rating scale.* New York: Teachers College Press.

Sandall, S.R., McLean, M.E., & Smith, B.J. (2000). *DEC recommended practices in early intervention/early childhood special education.* Longmont, CO: Sopris West.

融合教育

Allen, K.E., & Schwartz, I.S. (2001). *The exceptional child: Inclusion in early childhood education.* Albany, NY: Delmar.

Guralnick, M.J. (Ed.). (2001). *Early childhood inclusion: Focus on change.* Baltimore: Paul H. Brookes Publishing Co.

Peck, C.A., Odom, S.L., & Bricker, D.D. (1993). *Integrating young children with disabilities into community programs: Ecological perspectives on research and implementation.* Baltimore: Paul H. Brookes Publishing Co.

Schnorr, R.F. (1990). "Peter? He comes and goes....": First graders' perspectives on a part-time mainstream student. *The Journal of The Association for the Persons with Severe Handicaps, 15,* 231–240.

行為挑戰

Janney, R., & Snell, M.E. (2000). *Teachers' guides to inclusive practices: Behavioral support.* Baltimore: Paul H. Brookes Publishing Co.

Jenson, W.R., Rhode, G., & Reavis, H.K. (1994). *The tough kid toolbox.* Longmont, CO: Sopris West.

Koegel, L.K., Koegel, R.L., & Dunlap, G. (Eds.). (1996). *Positive behavioral support: Including people with difficult behavior in the community.* Baltimore: Paul H. Brookes Publishing Co.

Sandall, S.R., & Ostrosky, M. (Eds.) (1999). *Practical ideas for addressing challenging behaviors.* Longmont, CO: Sopris West.

Strain, P.S., & Hemmeter, M.L. (1997). Keys to being successful when confronted with challenging behaviors. *Young Exceptional Children, 1*(1), 2–8.

課程修改

Breath, D., DeMauro, G.J., & Snyder, P. (1997). Adaptive sitting for young children with mild to moderate motor challenges: Basic guidelines. *Young Exceptional Children, 1*(1), 10–16.

Cook, R.E., Tessier, A., & Klein, M.D. (2000). *Adapting early childhood curricula for children in inclusive settings.* Columbus, OH: Merrill.

教學策略

Bailey, D.B., & Wolery, M. (1992). *Teaching infants and preschoolers with disabilities.* New York: Merrill.

Bricker, D., (with Pretti-Frontczak, K., & McComas, N.) (1998). *An activity-based approach to early intervention* (2nd ed.). Baltimore: Paul H. Brookes Publishing Co.

Wolery, M., & Wilbers, J.S. (Eds.) (1994). *Including children with special needs in early childhood programs.* Washington, DC: National Association for the Education of Young Children.

Woods Cripe, J., & Venn, M.L. (1997). Family guided routines for early intervention services. *Young Exceptional Children, 1*(1), 18–26.

獨立

Baker, B.L., & Brightman, A.J., (with Blacher, J.B., Heifetz, L.J., Hinshaw, S.P., & Murphy, D.M.) (1997). *Steps to independence: Teaching everyday skills to children with special needs* (3rd ed.). Baltimore: Paul H. Brookes Publishing Co.

Colvin, G., & Lazar, M. (1997). *The effective elementary classroom.* Longmont, CO: Sopris West.

Durand, V.M. (1998). *Sleep better! A guide to improving sleep for children with special needs.* Baltimore: Paul H. Brookes Publishing Co.

Hodgdon, L.A. (1997). *Visual strategies for improving communication.* Troy: MI: Quirk Roberts.

教室為本的評量

Cohen, D.H., Stern, V., & Balaban, N. (1994) . *Observing and recording the behavior of young children.* New York: Teachers College Press.

Cohen, L.G., & Spenciner, L.J. (1998). *Assessment of children and youth.* New York: Longman.

Losardo, A., & Notari-Syverson, A. (2001). *Alternative approaches to assessing young children.* Baltimore: Paul H. Brookes Publishing Co.

Meisels, S. (1993). Remaking classroom assessment with the Work Sampling System. *Young Children, 48*(5), 34–40.

Shores, E.F., & Grace, C. (1998). *The portfolio book: A step-by-step guide for teachers.* Beltsville, MD: Gryphon House.

語言與溝通

Hart, B., & Risley, T.R. (1995). *Meaningful differences in the everyday experience of young American children.* Baltimore: Paul H. Brookes Publishing Co.

Hemmeter, M.L., & Kaiser, A.P. (1990). Environmental influences on children's language: a model and case study. *Education and Treatment of Children, 13,* 331–341.

Watson, L., Crais, E., & Layton, T. (1999). *Handbook of early language impairment in children: Assessment and intervention.* San Diego: Singular Publishing Group.

友誼與社會能力

Hundert, J. (1995). *Enhancing social competence in young students.* Austin, TX: PRO-ED.

Paley, V. (1993). *You can't say you can't play.* Cambridge, MA: Harvard University Press.

Quill, K.A. (2000). *Do-watch-listen-say: Social and communication intervention for children with autism.* Baltimore: Paul H. Brookes Publishing Co.

Snell, M.E., & Janney, R. (2000). *Teachers' guides to inclusive practices: Social relationships and peer support.* Baltimore: Paul H. Brookes Publishing Co.

讀寫能力

Adams, M. (1990). *Learning to read: Thinking and learning about print.* Cambridge, MA: MIT Press.

Adams, M.J., Foorman, B.R., Lundberg, I., & Beeler, T. (1998). *Phonemic awareness in young children: A classroom curriculum.* Baltimore: Paul H. Brookes Publishing Co.

Neuman, S., Copple, C., & Bredekamp, S. (2000). *Learning to read and write: Developmentally appropriate practices for young children.* Washington, DC: National Association for the Education of Young Children.

Neuman, S., & Roskos, K. (1993). *Language and literacy learning in the early years: An integrated approach.* San Diego: Harcourt Brace Jovanovich.

APPENDIX

本土經驗

[案例說明]

年　　齡：大班、男生

出生狀況：早產，約七個月即出生，住保溫箱三個月後才返家。

障礙類別：發展遲緩、ADHD、情緒障礙、感覺統合障礙。

能力現況概述

認知能力

專 注 力：個別活動若從事有興趣的事情，可專注二十五分鐘，但團體
　　　　　活動則連五分鐘都沒辦法，且會經常干擾班上同學。

記 憶 力：能記得發生過的事情。

推理思考：能解決生活上簡單的問題。

概　　念：能分辨物體的大小，但沒有 10 以上數量的概念。

溝通能力

語言理解：能聽得懂故事及老師和同學說話的內容，但常因為衝動而習
　　　　　慣先動手才動口。

語言表達：說話流利且用詞豐富，常在上課中說出國家地理頻道或發現
　　　　　頻道中旁白說的句子。

發　　音：有一些字構音不清，例如：翁老師與汪老師。

與人對話：與他人對話時，眼神無法集中，說話時，身體左右擺動，需
　　　　　要老師口頭提醒或者用手扶住個案的頭，個案才能穩定身體
　　　　　並將目光注視對方，與人交談。

課程活動

個別活動：對有興趣的事，專注力很高，且可持續十五至二十分鐘。

團體活動：容易分心，且會干擾同學，例如：玩同學的頭髮、用舌頭舔
　　　　　別人的身體、在地上打滾、不停的轉圈等。

角落活動：喜歡美勞角、積木角、溜滑梯，但是如果當天有介紹新的玩
　　　　　具，個案又沒玩到，收拾的時候就會大發脾氣，直到老師重
　　　　　新說明規則，並讓個案理解是自己沒有把握時間，才會沒玩
　　　　　到，直到個案完全理解後，才會停止生氣。

生活自理能力

飲食習慣：能自己進食，但對於較黏稠或長條狀（超過 2 公分）的東西
　　　　　一吃就會嘔吐，且遇到此類食物時，就會把玩食物或把食物
　　　　　放到同學的碗中或頭上。

穿脫衣服：能自行穿脫衣物、鞋子，但常脫到哪、放到哪。

衛生習慣：在學校能自己如廁及擦拭、洗手。

動作行動能力

粗大動作：能攀爬遊樂設施，但對於平衡木又愛又怕，需要老師伸出手
　　　　　讓個案扶著才能走完。

精細動作：能正確握筆、視動協調能力佳，且喜歡創作美勞作品。

走路方式：特別的走路方式，個案常掂腳尖走路，需要老師提醒，才會
　　　　　用正常的方式走路。

社會人際能力

成人互動：在校內與所有的師長及大人關係良好，且樂於幫忙協助師長。

同儕互動：同學雖能理解小賢生病，但因小賢總是動手多於動口（有時
　　　　　動口就把口水往別人身上或頭上抹），以致於在班上人際關
　　　　　係不佳。

社會行為：能進行簡單的合作性遊戲，但遇到稍有一些難度或較複雜規

則的遊戲，則容易與同學起衝突，且無法自行處理問題。

情緒控制能力

自 我 情 緒：較無法控制自身的情緒反應，常用尖叫、焦慮的呻吟或
　　　　　　哭泣來表達情緒，因此情緒排解有困難。

他人情緒反應：無法辨別他人是否生氣了，自己做了別人不喜歡的行為
　　　　　　而不自覺，必須由他人明確的表達：我不喜歡你這樣，
　　　　　　才會稍稍停止對別人的不雅動作（例如：用口水沾到別
　　　　　　人的身體、觸摸老師胸部或大腿、咬同學的頭髮），約
　　　　　　5 分鐘後，又開始重複不雅動作。

其他方面

活 動 力：活動力旺盛，若老師未能安排大量消耗體力之活動，則無法
　　　　　進行較靜態的課程或午睡。

觸覺刺激：需求量大，若給予大量且足夠的刺激，當日的狀況就會稍好
　　　　　些。喜歡刺刺的東西，例如：觸覺球、鳳梨、榴槤、刷子、
　　　　　絲瓜絡海綿、按摩珠等碰觸身體。

身體接觸：喜歡老師抱抱，但更喜歡老師用力壓在個案身上，尤其是午
　　　　　睡時。

午睡習慣：需要戴眼罩才能入眠，有需要時會主動要求老師幫忙加上重
　　　　　力綁腿，或用膠帶固定睡袋方能入眠。

優勢能力

熱 心 助 人：只要是大人請求小賢幫忙，小賢一定第一個要幫忙。

口語能力佳：能夠一字不漏的說出發現頻道旁白的句子。

原 創 性 高：在美勞角工作時，能發揮自身的創意，做出與別人不同的
　　　　　　作品且創意性十足。

（弱勢能力）

沒有安全感，且很擔心自己所喜歡的親人、師長離開或受傷，常會因為
這樣而情緒失控。

（需求）

大量且足夠的觸覺刺激。

行為改變技術。

規則性遊戲的練習。

大量消耗體力的工作。

優質教室評量表

日期：2005 年 9 月 13 日
班級：小象班
團隊成員：企鵝老師、青蛙老師
目標：評量新北市汐止區北港國小附設幼稚園

指標	是	否	不確定	實例
1. 幼兒是否大部分時間和其他幼兒玩和使用素材？	×			大部分的時間都是如此，我們讓幼兒盡量與同儕互動，且在角落放置不同的材料讓幼兒自由取用，即便是大團體時間，我們也會使用不同的素材。
2. 幼兒在一天的作息中，是否有多樣性的活動？	×			我們在課程中有規律的計畫安排不同活動。
3. 班級教師在一天的不同時間是否包含小組、團體和個別的活動？	×			我們有計畫小組、團討時間、個別的時間，計畫、執行和回顧。
4. 教室裡的佈置是否有幼兒的原始圖畫作品、他們自己的文字和口述的故事？			×	大部分都是美勞作品，有關文字的部分，大多是由老師在圖畫旁邊加註，但有幾位是去年的舊生，他們的作品中，有時就會出現文字。

（續）

指標	是	否	不確定	實例
5. 幼兒的學習是否富含內在意義背景（例如：與他們的興趣和經驗相關）？	×			我們會在開學前討論並預設這學期需要的課程，然後在開學後，一邊依照預設課程進行，一邊觀察幼兒的能力，然後在課程上加以修改或調整。
6. 幼兒工作時是否有足夠時間玩和自由探索？	×			是的，在角落活動的時候或者戶外活動的時候，我們會讓幼兒依照自己的興趣或喜好自由選擇他們想要做的事情。
7. 幼兒是否有機會到戶外玩和探索？	×			只要沒下雨，一定每天都有戶外活動。如果遇到下雨，我們就會在教室裡進行律動或到活動中心進行動態的活動。
8. 老師在一天中，無論是個別或小組時間，是否讀書給幼兒聽？			×	在大團體時間，我們儘量每天說一個故事給幼兒聽，但個別的時間，則是有幼兒來要求老師時，我們才會說故事給他們聽。
9. 老師是否做課程調整去幫助那些領先或有需求的幼兒？			×	在學習區時，我們一定會顧及每位幼兒的個別需求，但在大團體時間時，就會以提升有需求幼兒對活動的參與度為主。
10. 幼兒和其家庭是否感到安全？	×			幾乎每位幼兒都很開心的來上學，另外，當我們的幼兒進入學校以後，會不經意地把老師叫成媽媽時，我們就知道，幼兒已經對這個學校感到安全而且信任了。

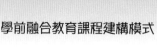
幼兒評量工作單

日期：2005 年 9 月 10 日
教師姓名：翁巧玲
障礙類別：大班　男生　發展遲緩、情緒感統障礙、ADHD

幼兒姓名：小賢

班級活動	班級期望	幼兒的表現層次		
到園	1. 能主動向老師問早並擁抱。	良好＿	平均＿	再加強＿
	2. 能自己把個人物品放好。	良好＿	平均＿	再加強＿
心情日記	1. 能專心地把一幅圖畫完，中間不間斷。	良好＿	平均＿	再加強＿
	2. 能在作品完成後，把作品放置到工作櫃收好。	良好＿	平均＿	再加強＿
用餐時間	1. 能不把玩食物。	良好＿	平均＿	再加強＿
	2. 在用餐完畢前不離開座位。	良好＿	平均＿	再加強＿
	3. 能耐心排隊不拿取食物。	良好＿	平均＿	再加強＿
收拾及銜接	1. 能依照老師指令工作。	良好＿	平均＿	再加強＿
	2. 在教室內用走路的方式移動、不奔跑。	良好＿	平均＿	再加強＿
團體活動時間	1. 能目視正在說話的老師或同學，並做出適當的回應。	良好＿	平均＿	再加強＿
	2. 能安靜上課十五分鐘。	良好＿	平均＿	再加強＿
	3. 能在有需要時，向老師表達需要進行按摩活動。	良好＿	平均＿	再加強＿
	4. 能自己進行想要的按摩，且不干擾班級活動。	良好＿	平均＿	再加強＿
戶外活動時間	1. 能在戶外活動完畢後，進行靜態活動二十分鐘。	良好＿	平均＿	再加強＿
	2. 能遵守兩個個動作指令以上的遊戲規則。	良好＿	平均＿	再加強＿
角落活動	1. 能專心完成工作。	良好＿	平均＿	再加強＿
	2. 能自己將教具收拾好。	良好＿	平均＿	再加強＿
午睡	1. 能安靜睡著二十五分鐘。	良好＿	平均＿	再加強＿
	2. 能在有需要時，請老師協助使用眼罩、重力衣、刷子等工具以幫助睡眠。	良好＿	平均＿	再加強＿

計畫工作單

日期：2005 年 9 月 15 日

教師姓名：翁巧玲＿＿＿　　　　　　　　　　幼兒姓名：小賢＿＿

（ 關鍵字：CM ＝課程調整；ELO ＝嵌入式學習機會；CFIS ＝幼兒焦點行為的教學策略）

活動	需要學習的表現更詳細說明	你在當下做什麼？	課程教導的想法
團體活動	1. 總是需要大人不斷提醒或引導，他才能注意聽。 2. 活動如果沒有簡化，他就很難完成。 3. 幾乎每次都會先動手才動口，一定要老師在一旁提醒，他才記住要先用說的不要動手。	1. 不斷地用口頭或動作提醒他。 2. 簡化活動，依次只給一個動作指令。 3. 請他仿說簡單句。	CM＿＿ ELO＿＿ CFIS＿＿ 敘述： 1. 只要他做對了就鼓勵他。 2. 另外設計一些比較簡單，而且他能獨自完成的工作。 3. 如果他動手，就不給他他要的東西，或不讓他做他想做的工作。
個別活動	1. 沒有辦法專心的完成一件事（從開始到收拾）。 2. 因為很急的關係，老是把不同種類的東西，收在同一個籃子裡。 3. 專注力不夠。	1. 需要老師在一旁提醒，而且大人幾乎不能離開他旁邊，不然他就會中斷工作去做別的事情。 2. 一次只請他收一種東西。 3. 老師盯著他完成一樣工作後，他才能換另一個工作。	CM＿＿ ELO＿＿ CFIS＿＿ 敘述： 1. 請一位同儕楷模陪他一起玩。 2. 只要收對了，就給他讚美。 3. 用他喜歡的東西來鼓勵他，例如：用力的抱抱或幫他刷背、按摩。 4. 給他一些大約五分鐘內就能完成的簡單的工作。
銜接活動	1. 常常是眼睛沒辦法注視老師，眼神飄忽不定！ 2. 轉換活動時，會突然拿起玩具來玩或用玩具丟別人。 3. 沒辦法安靜的等待，總是干擾別人。	1. 用聲音或肢體動作提醒他。 2. 用動作及語言告訴他現在不能玩，並且把玩具收好。 3. 提醒他不要干擾別人。	CM＿＿ ELO＿＿ CFIS＿＿ 敘述： 1. 請他坐在老師的正前方。 2. 請他將玩具收起來，並把他帶離玩具櫃附近。 3. 給他一個區域，讓他可以翻滾或在地上爬行。

計畫性活動

個案概述：ADHD

活動名稱：創意果汁吧

教學策略	情境	做法
環境支持	容易衝動、等不及示範就會動手。	請他坐在最靠近老師的位置，離水果有一段距離，要眼睛看得到、坐著卻摸不到的距離。
素材的調整	喜歡有刺的東西來刷或摩擦身體。	選擇一些表皮有刺或粗糙的水果，當作打果汁的水果中的一部分。
活動簡化	動作大、力量大、急躁，一直把水果夾斷、掉落，順利使用夾子將水果夾起。	幫小賢將水果夾進盤子裡，讓他只要將盤子裡的水果放進果汁機，再開啟電源就好。
幼兒喜好	喜歡有刺或粗糙的東西。	請他用手拿未削皮，有刺或粗糙的水果給同學摸或觀察。
特殊器材	依據治療師的建議，靜態活動時，須穿上重力背心。	穿上重力背心上課。
成人支持	喜歡別人用力抱他。	完成指定的工作後，老師就用力抱他。
同儕支持	通常特殊幼兒比較少機會可以成為同儕的楷模。	完成指定工作後請同學給他愛的棒棒。 請同學稱呼他為「小幫手」或「小老師」。
隱性支持	坐不住、無法等待。	調整排隊順序，如果是剛開學，請他排在第一位，或是讓他多輪到幾次。

幼兒活動矩陣

日期：2005 年 9 月 20 日

教師姓名：翁巧玲　　　　　　　　　　　　幼兒姓名：小賢

關鍵字：CM＝課程調整；ELO＝嵌入式學習機會；CFIS＝幼兒焦點行為的教學策略

	能用口語代替動作溝通	能安靜坐著十五分鐘	能自己使用按摩工具	能有耐心的排隊拿取食物	能將自己的東西收拾歸位	能安靜午睡二十分鐘	能遵守兩個以上動作指令
到園					CFIS 練習		
學習區活動	CM 成人支持				CFIS 練習		CFIS 工作分析
主題活動	CM 調整座位環境支持						
點心	CM 食物切短喜好運用			CM 喜好運用			
午睡	CM 給予按摩喜好運用		CFIS 練習			CM 專屬區域環境支持	
銜接時間					ELO 請他當小幫手幫老師放東西		CM 口頭提醒成人支持
小組與團體活動時間	ELO 給予專注力訓練活動						CFIS 工作分析
戶外活動時間							CFIS 練習

小賢的活動矩陣表

班級行動策略工作單

日期：2005 年 9 月 20 日
團隊成員：企鵝老師、青蛙老師

指標	問題	我們可以做什麼	誰來做	什麼時候開始
4. 教室裡的佈置是否有幼兒的原始作品、他們自己的文字和口述的故事？	大部分都是美勞作品，有關文字的部分，大多是由老師在圖畫旁邊增加、註，但幼兒位是去年的舊生，他們的作品中，有時就會出現文字。	1. 把上課團體討論的內容，也就是幼兒所說的話，書寫成文字貼在幼兒看的見的地方。 2. 在完成作品時，讓幼兒仿畫或仿寫自己的名字或號碼。	1. 兩位老師 2. 幼兒自己	明天
8. 老師在一天中，無論是個別或是小組時間，是否讀書給幼兒聽？	在大團體時間，我們盡量每天說一個故事給幼兒聽，但個別故事時間，則是有幼兒來要求會說故事時，我們才會說故事給他們。	1. 每天找一個固定的時間（例如：午睡時）說故事，並請一個幼兒提醒老師，以免老師忘記。 2. 在個別閱讀的時間裡，至少有一位老師要和幼兒一起閱讀，並且說故事給幼兒聽。	1. 老師和幼兒 2. 兩位老師	今天午睡和銜接時間就開始（因為在我們的班級裡，大部分的銜接時間，或等待的時間，我們都讓幼兒進行閱讀的工作）
9. 老師是否做課程調整來幫助那些領先或有需求的幼兒？	在學習區時，我們一定會顧及每位幼兒的個別需求，但在大團體時間，就會以提升有特殊需求幼兒對活動的參與度為主。	1. 在進行團體討論時，把比較簡單的問題留給特殊需求的幼兒回答，比較難的問題則給領先的幼兒。 2. 把比較簡單的工作留給他們的幼兒，或者將他們的工作簡化。 3. 給予特殊需求的幼兒多一點口語或動作上的提示。	1. 兩位老師 2. 兩位老師及助理人員 3. 兩位老師及助理人員	下星期一開始

素材的調整

調整或改變素材，
使幼兒能夠在最大條件的獨立下參與活動。

我的想法

如果 幼兒不會使用膠水……
→用小圓圓貼紙來代替需要黏貼的紙張。

如果 幼兒使用剪刀有困難，所以當幼兒試著操作它們時，常用撕的而不是用剪的……
→給幼兒事先裁切過較短的紙張，讓幼兒可以一刀就剪斷。

如果 在教室活動中，幼兒常無法完成整個工作，甚至經常半途而廢……
→給幼兒半成品，並且一定把最後一個步驟讓幼兒自己完成。

如果 幼兒不會走平衡木……
→讓幼兒沿著較寬花台的邊行走或者讓他沿著地板的磁磚走。

成人支持

在活動或日常工作中，
用成人的介入來支持幼兒的參與及學習。

我的想法

如果	幼兒上課一直插嘴，讓課程沒辦法進行……
	→ 請幼兒到前面來，讓他把事情說完，再讓他回座位。

如果	幼兒沒辦法參與討論或發表……
	→ 請他當小老師負責點名，並且邀請同學上台發表。

如果	幼兒對於自己的作品沒有信心，經常否定自己……
	→ 把最後一個步驟讓幼兒自己完成，並當著全班同學讚美他的作品。

如果	幼兒不會走平衡木……
	→ 老師站在幼兒的側邊，告訴幼兒我會在你旁邊，你想要扶著我的時候伸手就可以碰到我，我會保護你。

環境支持

改變物理、社會與當時所處的環境，
使環境能提升、支持幼兒的活動參與和學習。

我的想法

如果 幼兒對教室裡老師安排的角落都沒有興趣……
→ 和幼兒一起規劃設計一個他有興趣的角落，並請他負責維護。

如果 幼兒在銜接活動時，無法從事靜態的等待，並且做出持續性干擾他人的行為……
→ 給他一個固定的區域，讓他可以在指定的範圍內，翻滾身體、自由旋轉或在地板上爬行。

如果 幼兒在上廁所時，老是無法對準小便斗，經常尿在旁邊造成廁所產生異味……
→ 將害蟲的模型（例如：蟑螂、小老鼠、蜘蛛等）貼在小便斗的裡面，並且請幼兒上廁所時，對準昆蟲尿下去。

如果 幼兒上下樓梯需要大人幫忙……
→ 將幼兒排隊的位置安排在靠近樓梯扶手的那一邊，讓他能夠扶著走。

國家圖書館出版品預行編目資料

學前融合教育課程建構模式／ Susan R. Sandall,
Ilene S. Schwartz 著；盧明, 魏淑華, 翁巧玲譯.
--初版. -- 臺北市：心理, 2008.04
　　面；　公分. --（障礙教育系列；63076）
參考書目：面
譯自：Building blocks for teaching preschoolers
　　　　with special needs
ISBN 978-986-191-133-5（平裝）

1. 融合教育　2. 學前教育　3. 建構教學

529.6　　　　　　　　　　　　　　　　97004759

障礙教育系列 63076

學前融合教育課程建構模式

作　　者：Susan R. Sandall, Ilene S. Schwartz
譯　　者：盧明、魏淑華、翁巧玲
執行編輯：李晶
總 編 輯：林敬堯
發 行 人：洪有義
出 版 者：心理出版社股份有限公司
地　　址：231026 新北市新店區光明街 288 號 7 樓
電　　話：(02) 29150566
傳　　真：(02) 29152928
郵撥帳號：19293172　心理出版社股份有限公司
網　　址：https://www.psy.com.tw
電子信箱：psychoco@ms15.hinet.net
排 版 者：龍虎電腦排版股份有限公司
印 刷 者：竹陞印刷企業有限公司
初版一刷：2008 年 4 月
初版八刷：2023 年 2 月
I S B N：978-986-191-133-5
定　　價：新台幣 280 元